素晴らしいアイデアを生み出すために、
努力やセンスは必要ありません。
「たった2つの発想法」さえあれば、
いくらでもアイデアは生み出せます。

たとえば、こんなふうに……

四角いガムテープ

四角い形のガムテープ。丸くないため転がらず、
均等な長さで切ったり、陳列したりもしやすい。

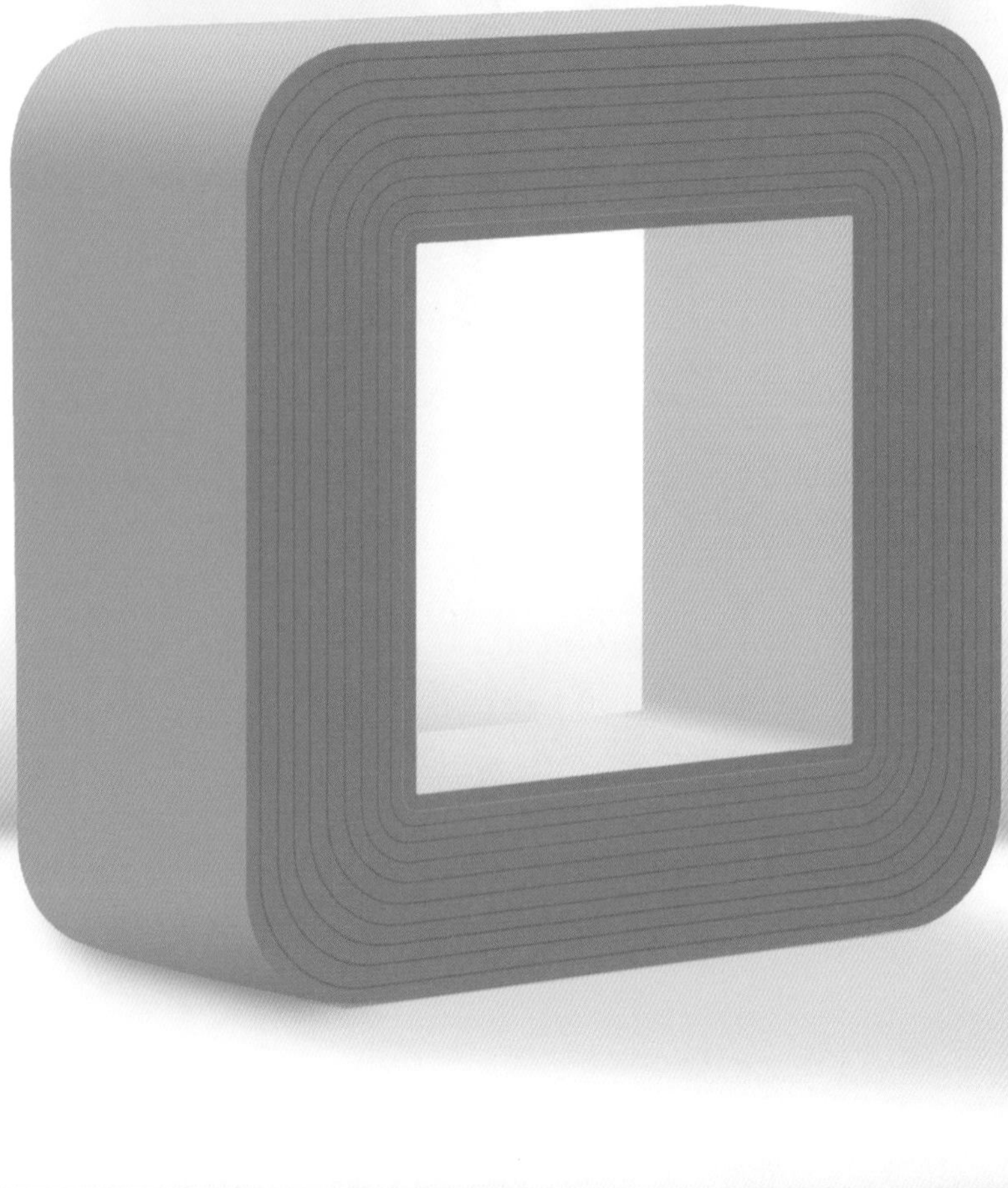

脳内マップ

課題

ガムテープを使っているとき、転がって手が届かないところにいってしまうことがある……

▼

解決策

転がらないようになれば、もっと便利になるかも

▼

「ちょっと変える」発想

ガムテープの形を「四角」に変えてみよう!

20.5万「いいね」
2.9万「リツイート」

脳内マップ

課題

勉強や宿題って、どこかやる気になれない……

▼

解決策

焦る気持ちが生まれたら、もっと勉強したくなるかも

▼

「見立てる」発想

付箋の形を「炎」に見立ててみよう！

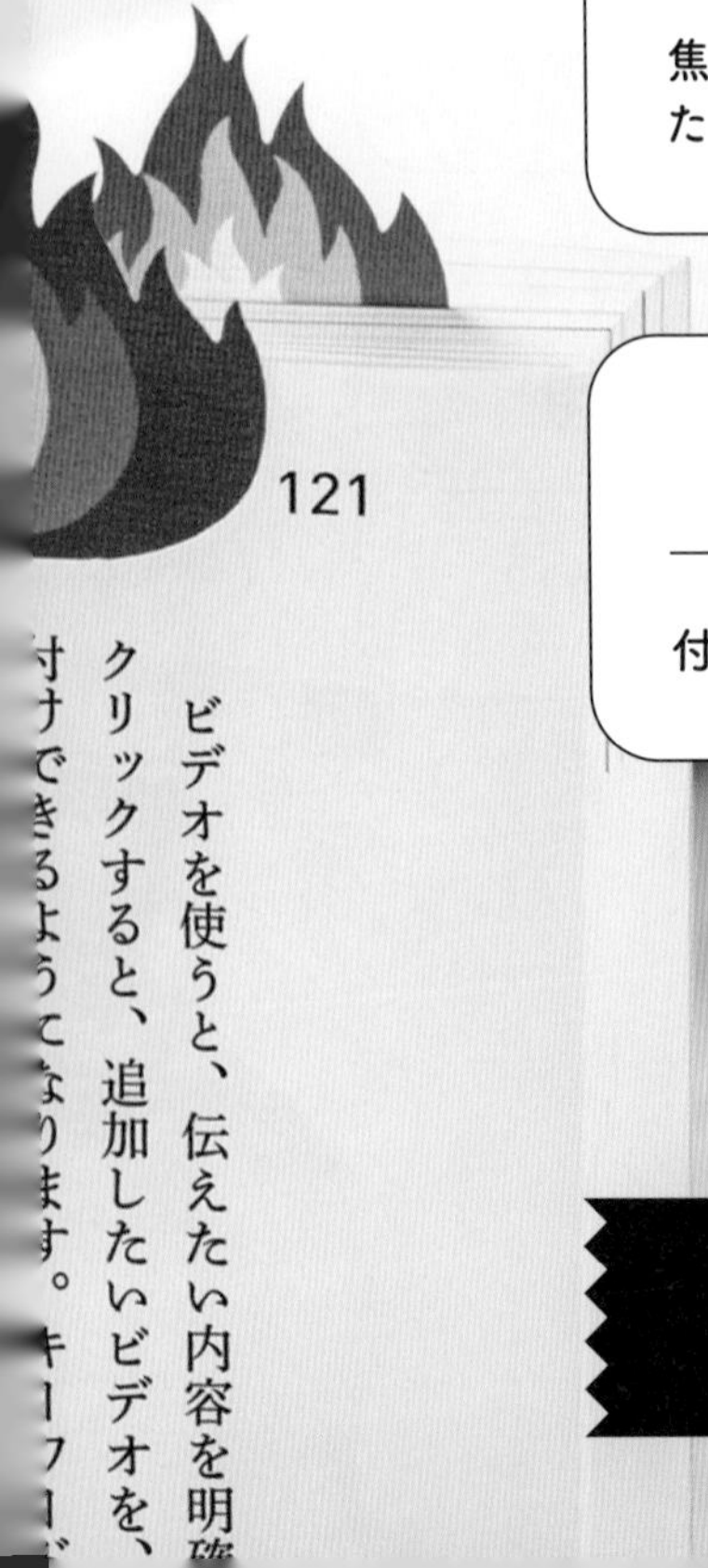
121
ビデオを使うと、伝えたい内容を明
クリックすると、追加したいビデオを、
けできるようになります。キーワー

「コクヨデザインアワード2020」
ファイナリスト作品

課題炎上付箋

炎の形の付箋。教科書の「まだ勉強できていないところ」
などに貼ると、「やらなきゃ！」という焦りの気持ちが生まれる。

高等学校国語科用
組み合わせると、プロのようなできば
る表紙、ヘッダー、サイドバーを追加で
ぞれのギャラリーで目的の要素を選んで
テーマとスタイルを使って、文書全体の
をクリックし新しいテーマを選ぶと、図
合わせて変わります。スタイルを適用す
しが変更されます。

脳内マップ

課題

えんぴつの「2B」「2H」「HB」って、実際どんな感じかわかりにくい……

▼

解決策

見た目で筆跡がわかれば解決するかも

▼

「ちょっと考える」発想

えんぴつの柄を「筆跡」に変えてみよう!

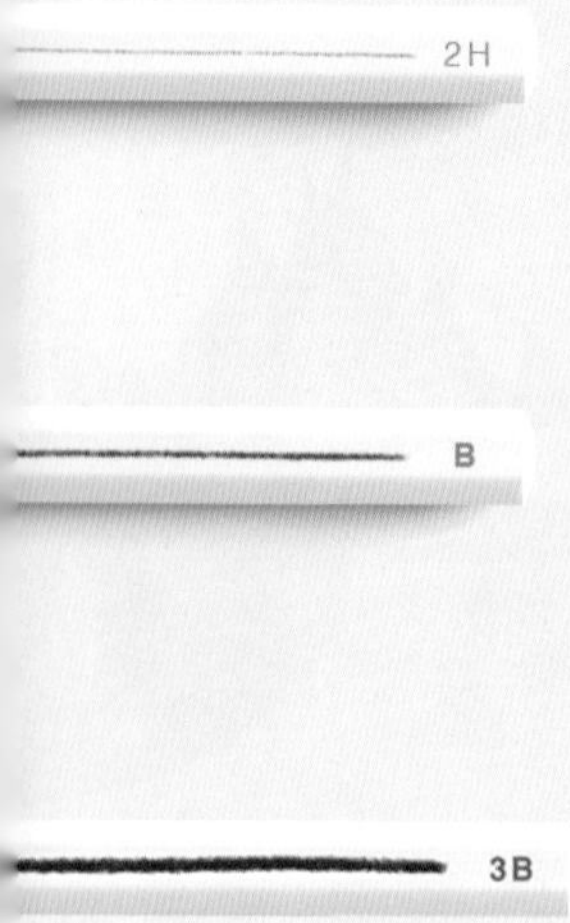

「第14回 シャチハタ・ニュープロダクト・デザイン・コンペティション」審査員賞 原賞受賞

筆跡えんぴつ

「2B」「HB」といった表記ではなく、柄に「筆跡」を
印刷したえんぴつ。商品を見るだけで「書いた感じ」がわかる。

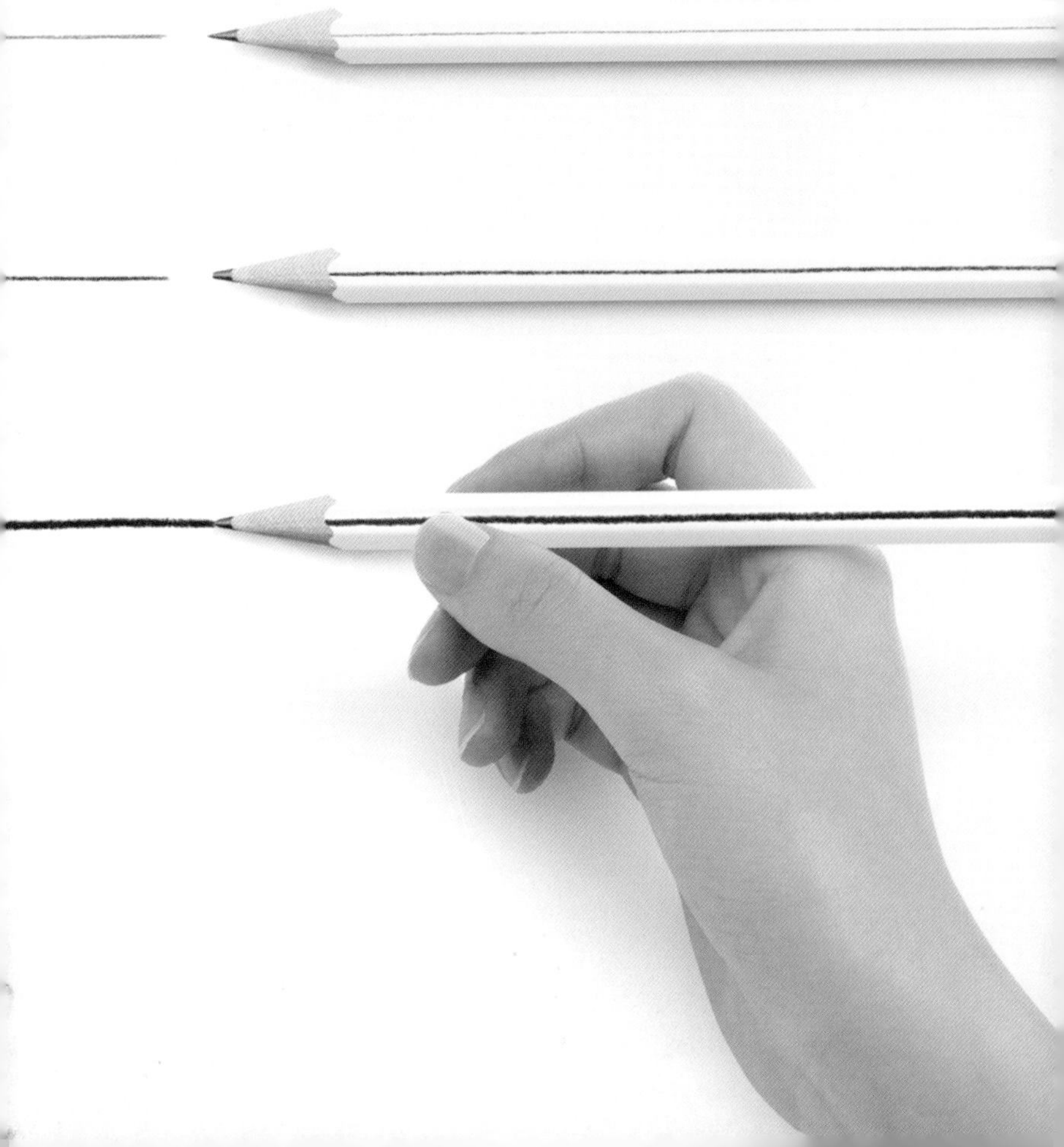

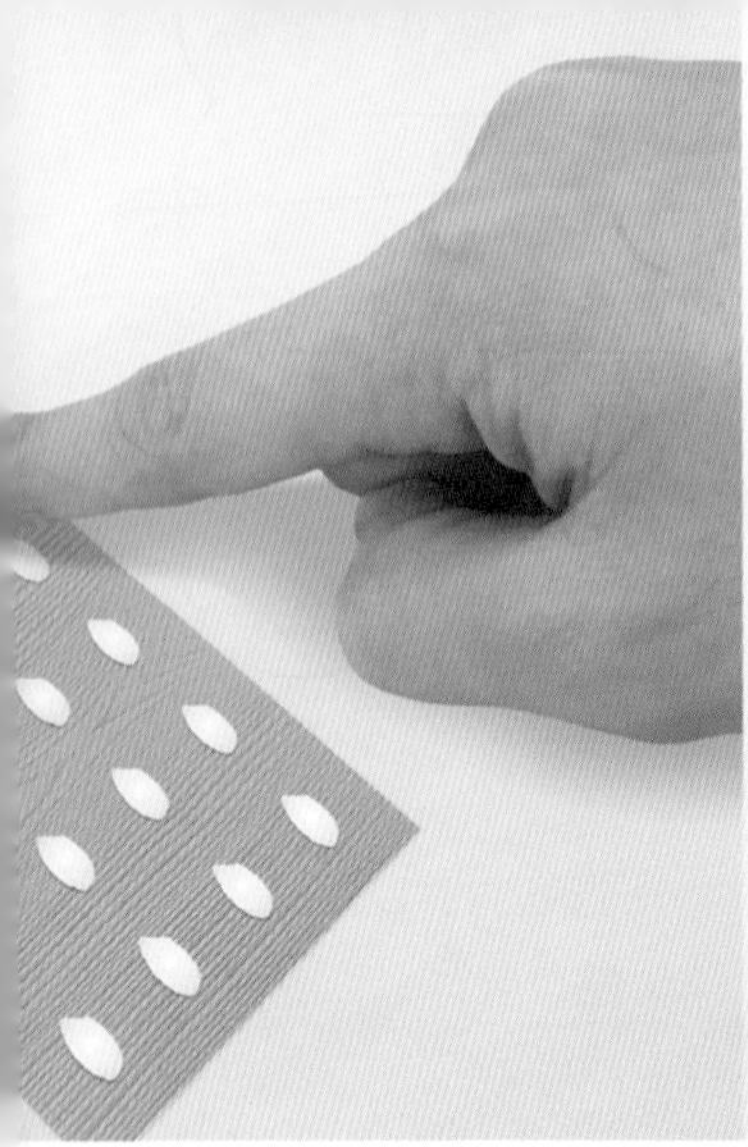

サンスター「第24回 文房具アイデアコンテスト」審査員特別賞受賞

お米の両面テープ

お米の形の小さい両面テープ。本を読んでいるときに
指につけることで、指一本でページを簡単にめくれる。

脳内マップ

課題

本を読んでいるとき、指が乾燥してページをめくれないときがある……

▼

解決策

指に貼れる、目立たない両面テープがあれば、紙がくっついていいかも

▼

「見立てる」発想

両面テープの形を「お米」に見立ててみよう！

脳内マップ

課題

同じ苗字の人は、みんな同じ「印鑑」になってしまうな……

▼

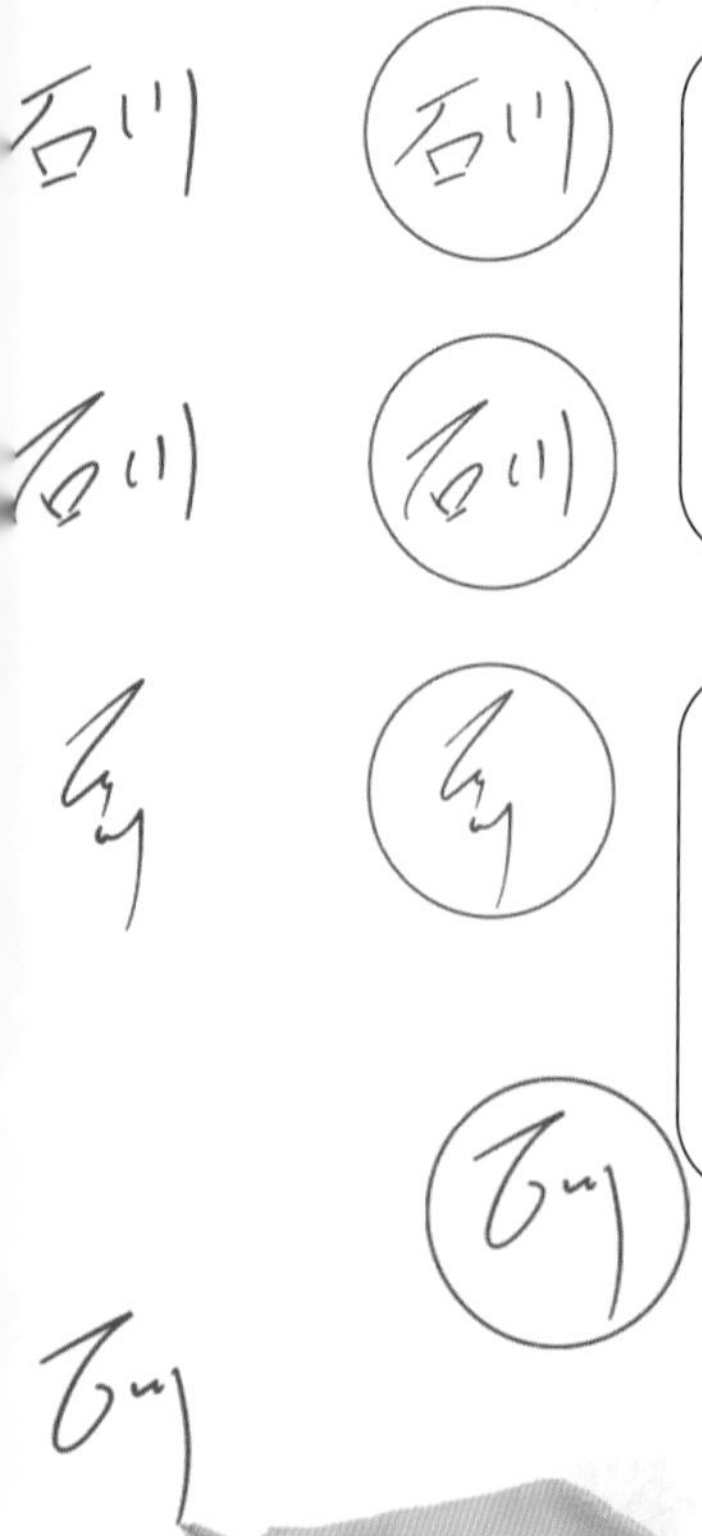

解決策

たとえ同じ苗字でも、「自分だけの印鑑」がつくれたらいいかも

▼

「ちょっと変える」発想

印鑑の文字の形を「手書き」に変えてみよう!

「第12回 シャチハタ・ニュープロダクト・デザイン・コンペティション」準グランプリ受賞

手書き印鑑

手書きの文字を取り込んでつくれる印鑑。世界にたったひとつ、
自分だけの印鑑をつくることができる。

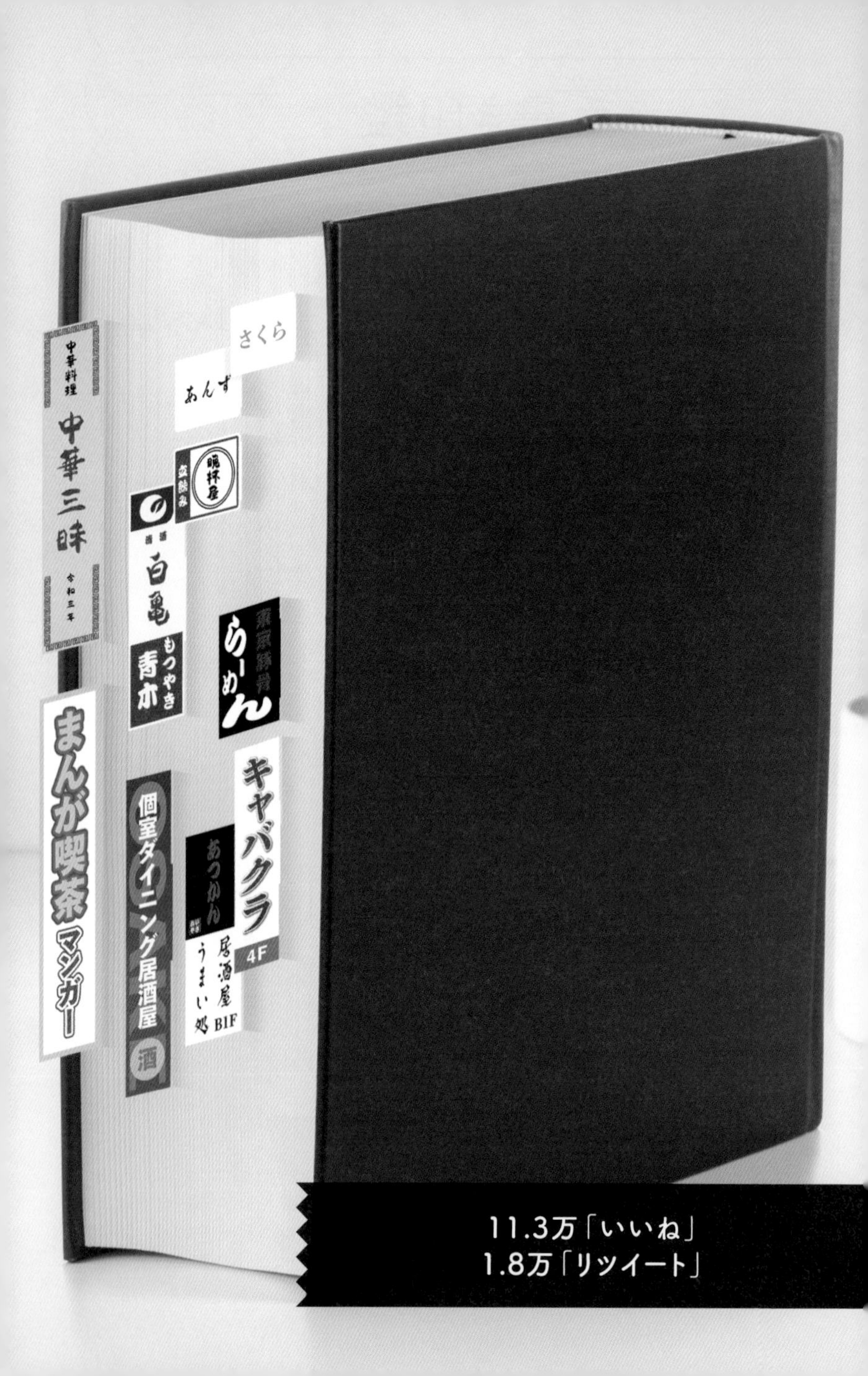

11.3万「いいね」
1.8万「リツイート」

繁華街になる付箋

繁華街にある看板の形をした付箋。貼ることで本が賑やかになり、
勉強したい気持ちが高まっていく。

脳内マップ

目に入ったもの

繁華街って、たくさんの看板があるなあ

▼

似ているものを探す

四角いものがぴょこぴょこ飛び出てるの、「付箋」
と似てるかも

▼

「見立てる」発想

付箋を「繁華街の看板」に見立ててみよう!

数字型の蚊取り線香

「燃焼時間」の形になっている蚊取り線香。
説明を見なくても、ひと目で使用時間がわかる。

脳内マップ

課題

蚊取り線香って、使いはじめると「燃焼時間」がわからなくなる……

▼

解決策

パッケージの説明を見なくても時間がわかるといいのに

▼

「ちょっと変える」発想

蚊取り線香の形を「燃焼時間」に変えてみよう！

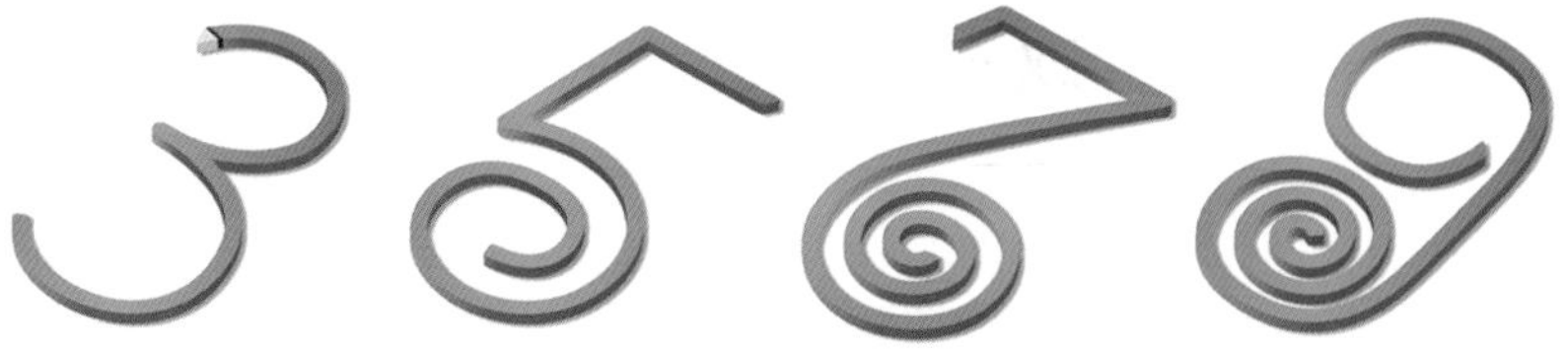

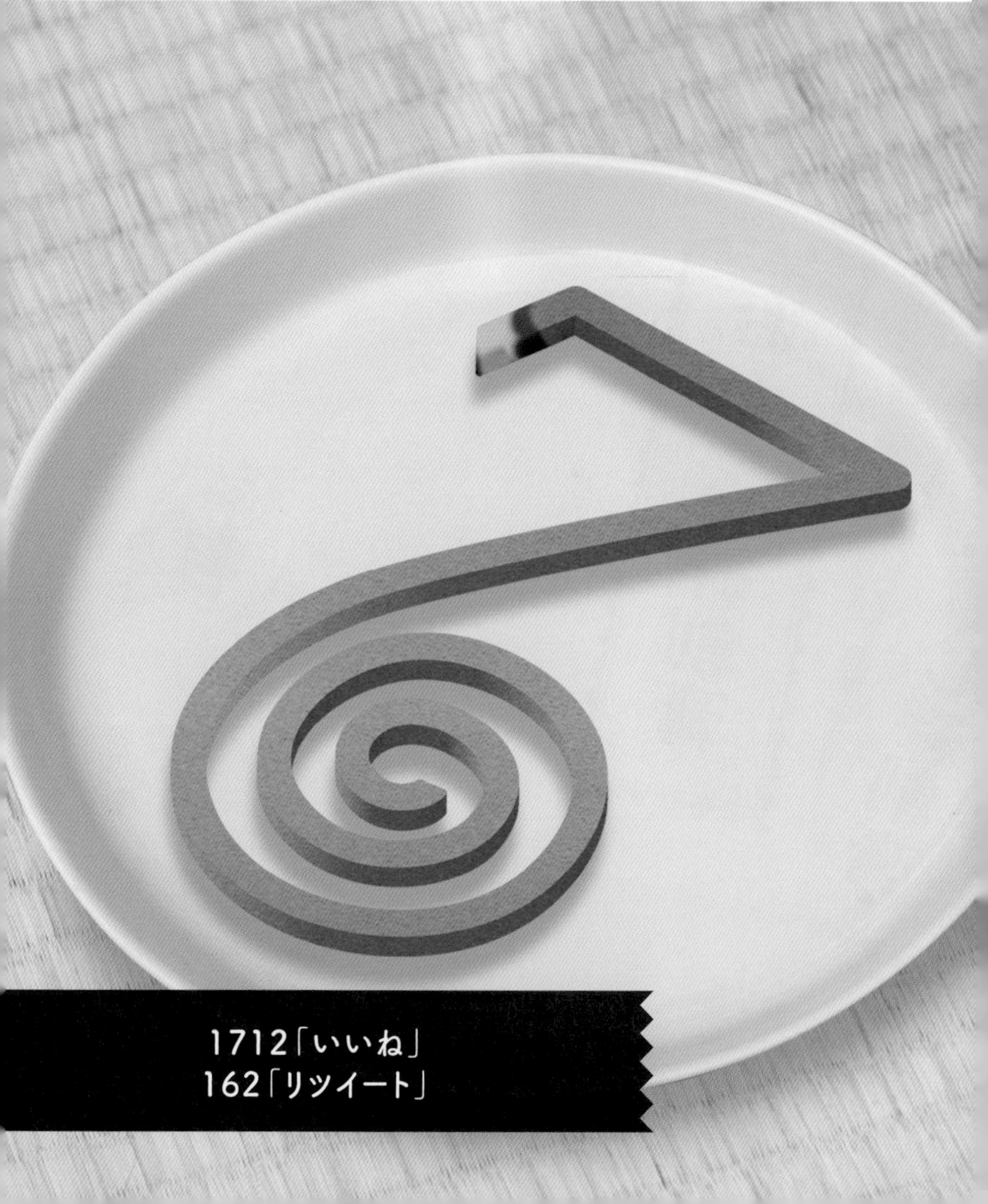

1712「いいね」
162「リツイート」

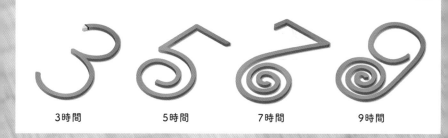

おみくじ絆創膏

貼って血がにじんでいくと、運勢が浮かび上がってくる絆創膏。
怪我をしたときに、ちょっとポジティブになれる。

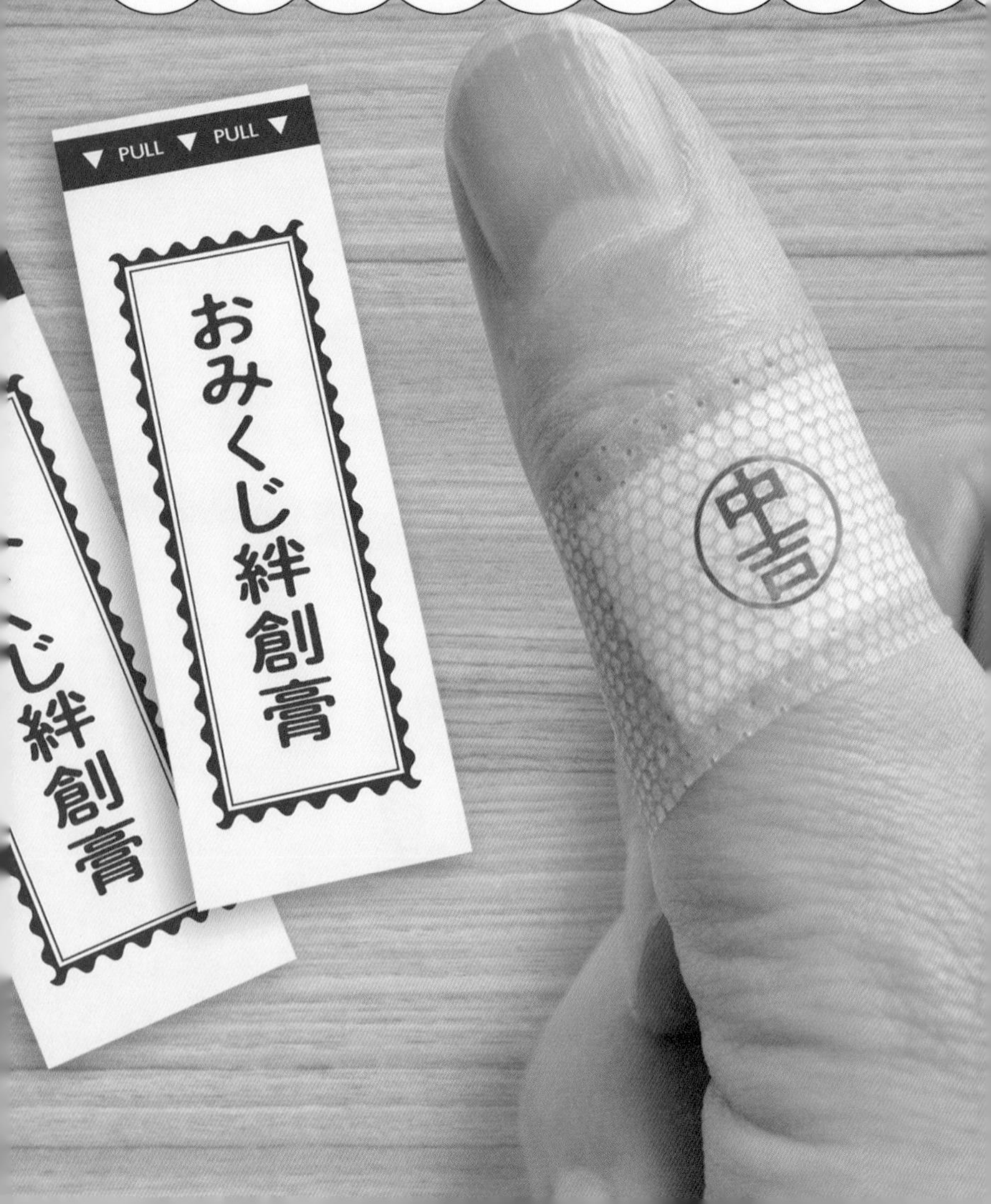

脳内マップ

課題

怪我をすると、悲しい気持ちになる……

▼

解決策

怪我をしたときに、ちょっとポジティブな気持ちになれたらいいかも

▼

「ちょっと変える」発想

血がにじむという現象を、「ネガからポジ」に変えてみよう！

1320「いいね」
123「リツイート」

脳内マップ

課題

画びょうを手にとるとき、うっかりして針が刺さってしまうことがある……

解決策

針がむき出しになっていない画びょうがあるといいかも

「見立てる」発想

画びょうの形を「葉っぱ」に見立ててみよう!

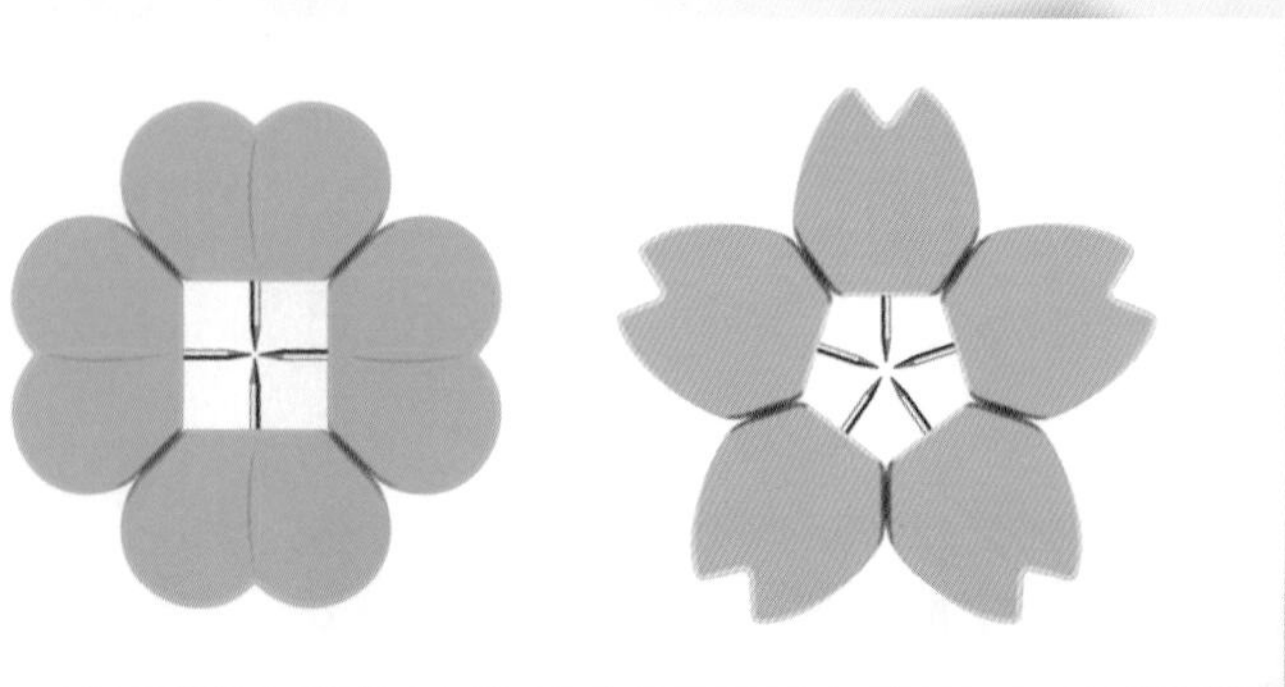

四つ葉のクローバー画びょう

クローバーの葉の形になっている画びょう。
4つくっつけておけば、針が刺さる心配がない。

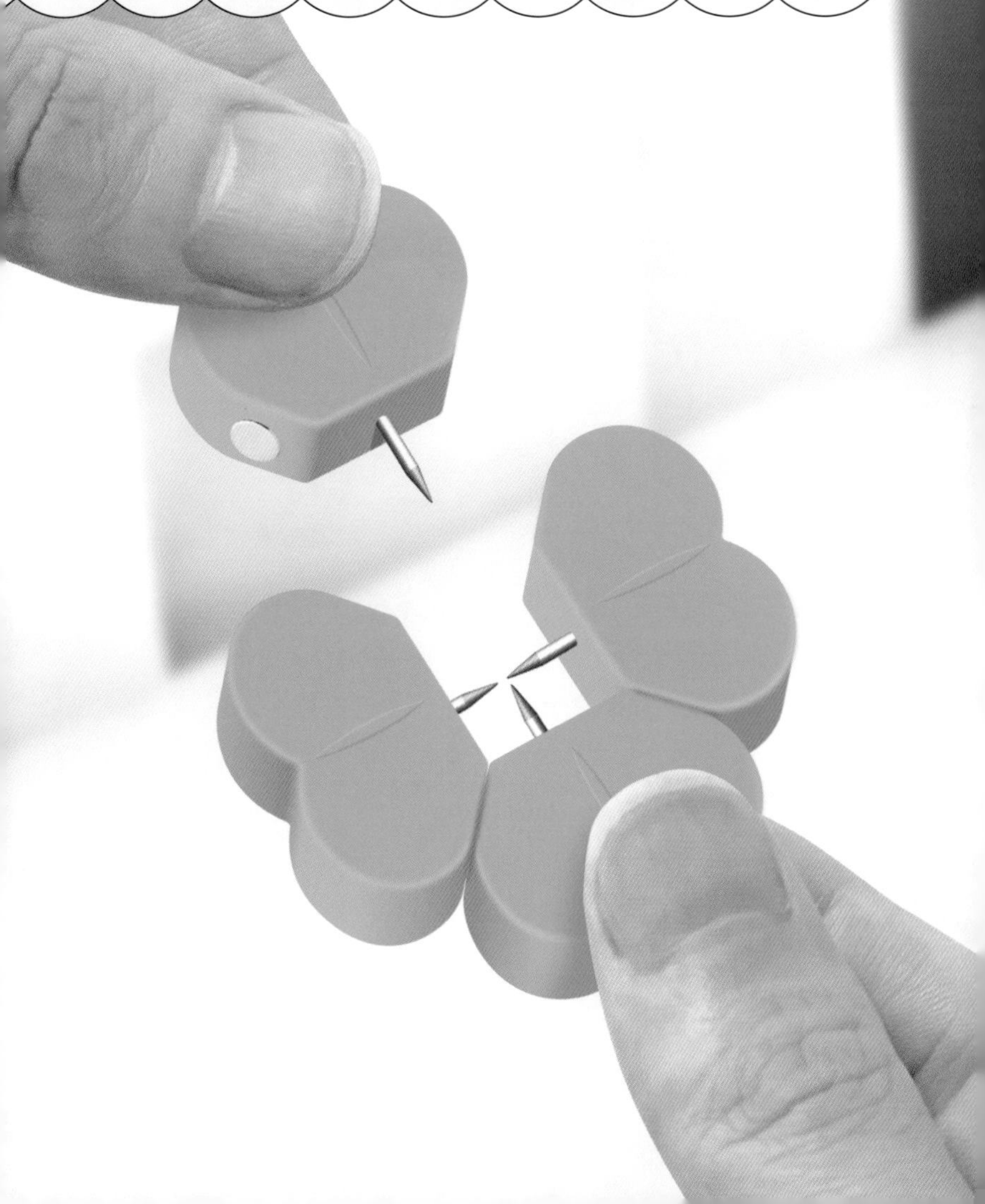

目印をつけられる紙コップ

数字が印刷されている紙コップ。それぞれに番号を決めて折ることで、大人数の場でも自分のコップが識別できる。

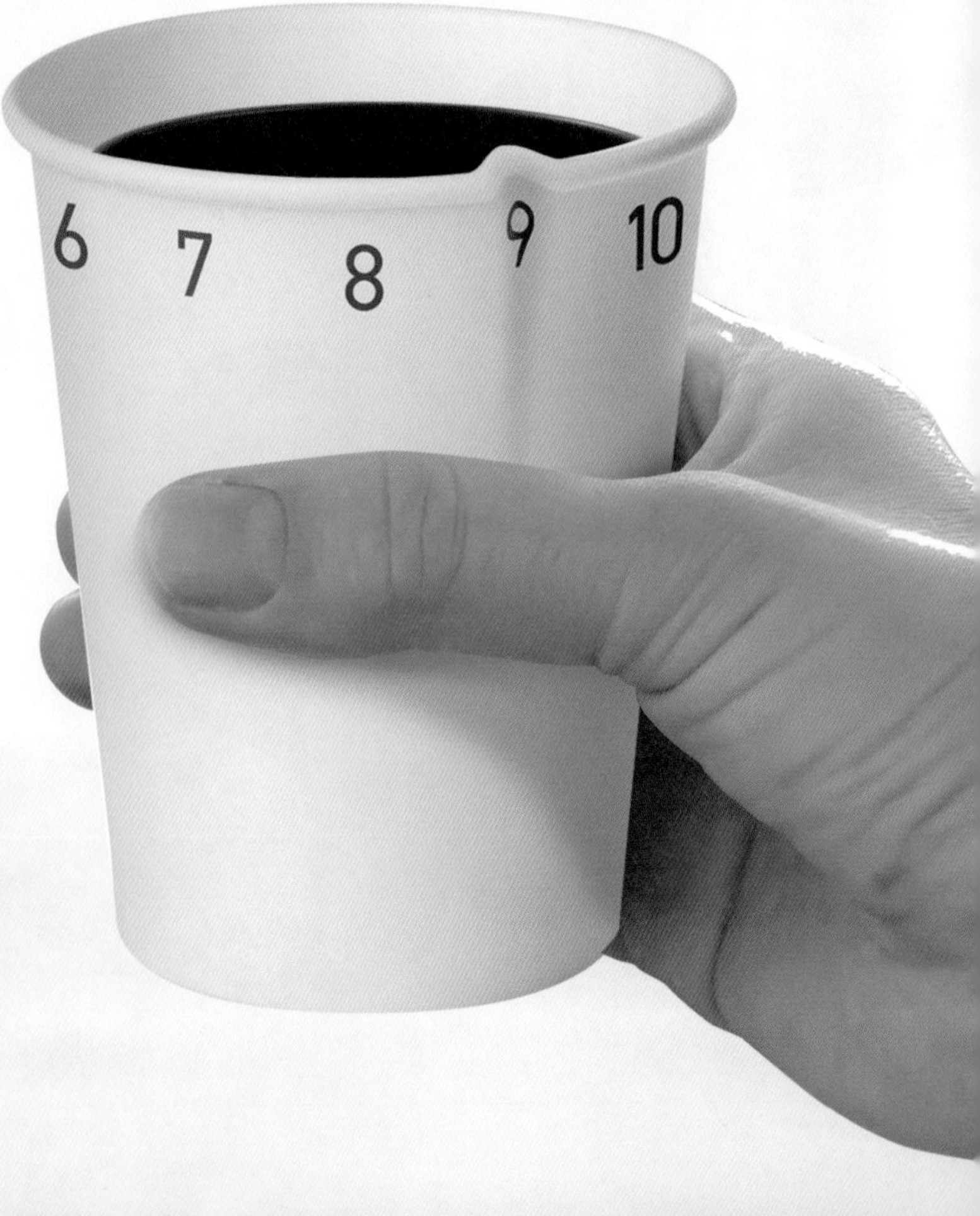

脳内マップ

課題

バーベキューなどの大人数の場だと、使っていた紙コップがわからなくなる……

▼

解決策

自分の紙コップがひと目でわかる工夫があるといいかも

▼

「ちょっと変える」発想

紙コップの柄を「番号」に変えてみよう！

脳内マップ

特徴

画びょうって、掲示物の四隅にあって、キラキラしている

▼

もっとこうなればいいのに

掲示物が「もっとキラキラする」画びょうがあったら素敵かも

▼

「ちょっと変える」発想

画びょうの形を丸から「星形」に変えてみよう！

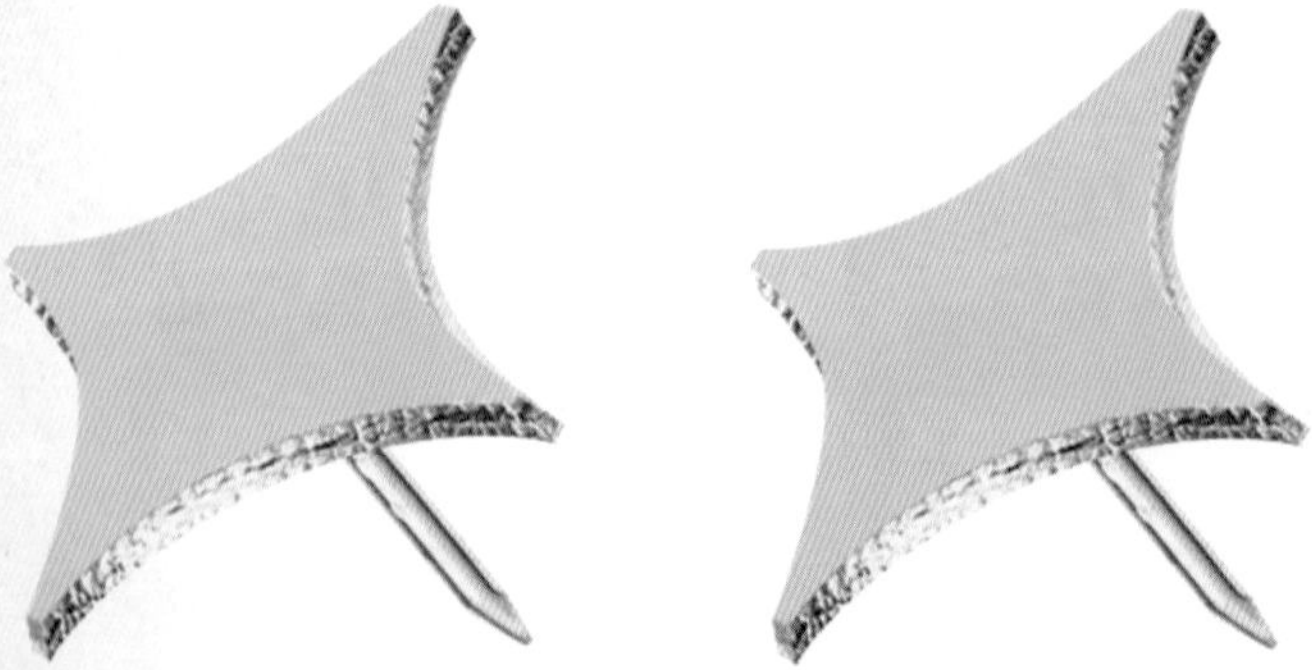

キラキラ画びょう

星の輝きの形をした画びょう。これを使って掲示物を留めると、
掲示物がキラキラ輝いて見えて注目されやすい。

メモリつき付箋

メモリと数字がついている付箋。重要度に応じて飛び出す長さを
変えて貼れば、ひと目で優先順位がわかる。

2913「いいね」
239「リツイート」

脳内マップ

課題

付箋って、たくさん貼られているとどこが重要なのかわからなくなる……

▼

解決策

付箋ごとの重要度がわかれば、優先順位もわかっていいかも

▼

「ちょっと変える」発想

付箋の柄を「メモリ」に変えてみよう！

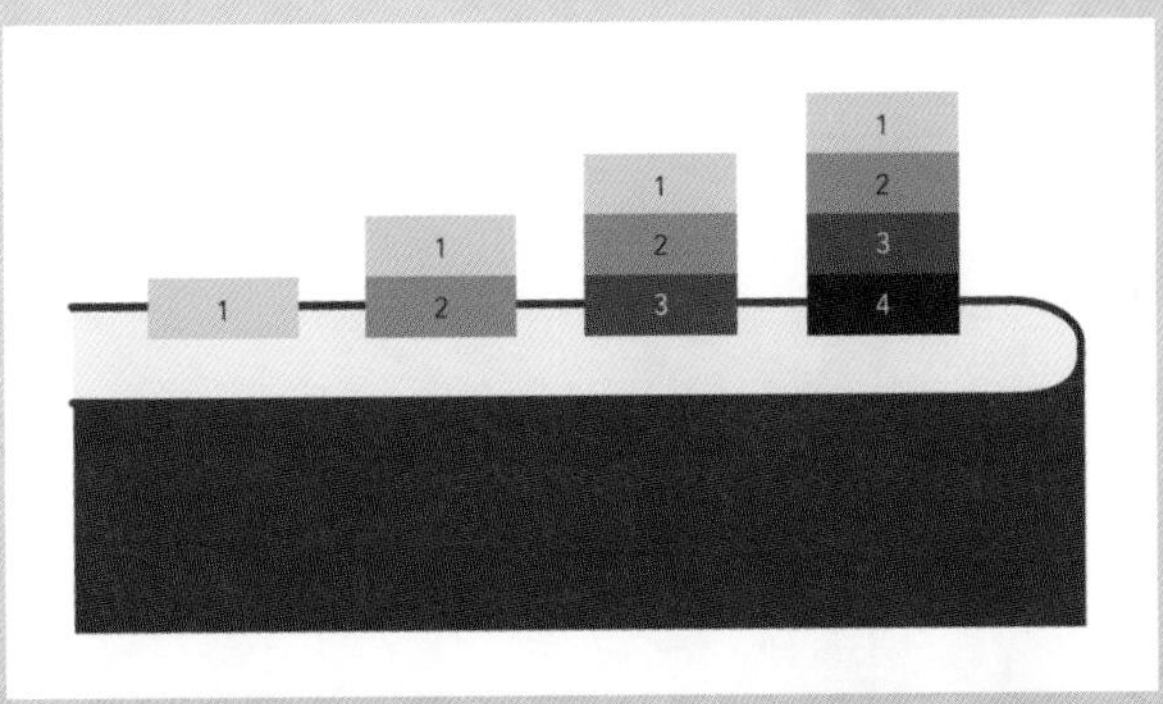

脳内マップ

特徴

ロッカーキーって、「なにかが手を広げて羽ばたいている」ように見える

もっとこうなればいいのに

羽を広げた生き物みたいになっていたら、可愛くなるのに

「見立てる」発想

ロッカーキーの形を「マンタ」に見立ててみよう!

マンタのロッカーキー

マンタの形をしたロッカーキー。見た目が可愛いため、
愛着が湧き、失くしづらくなる。

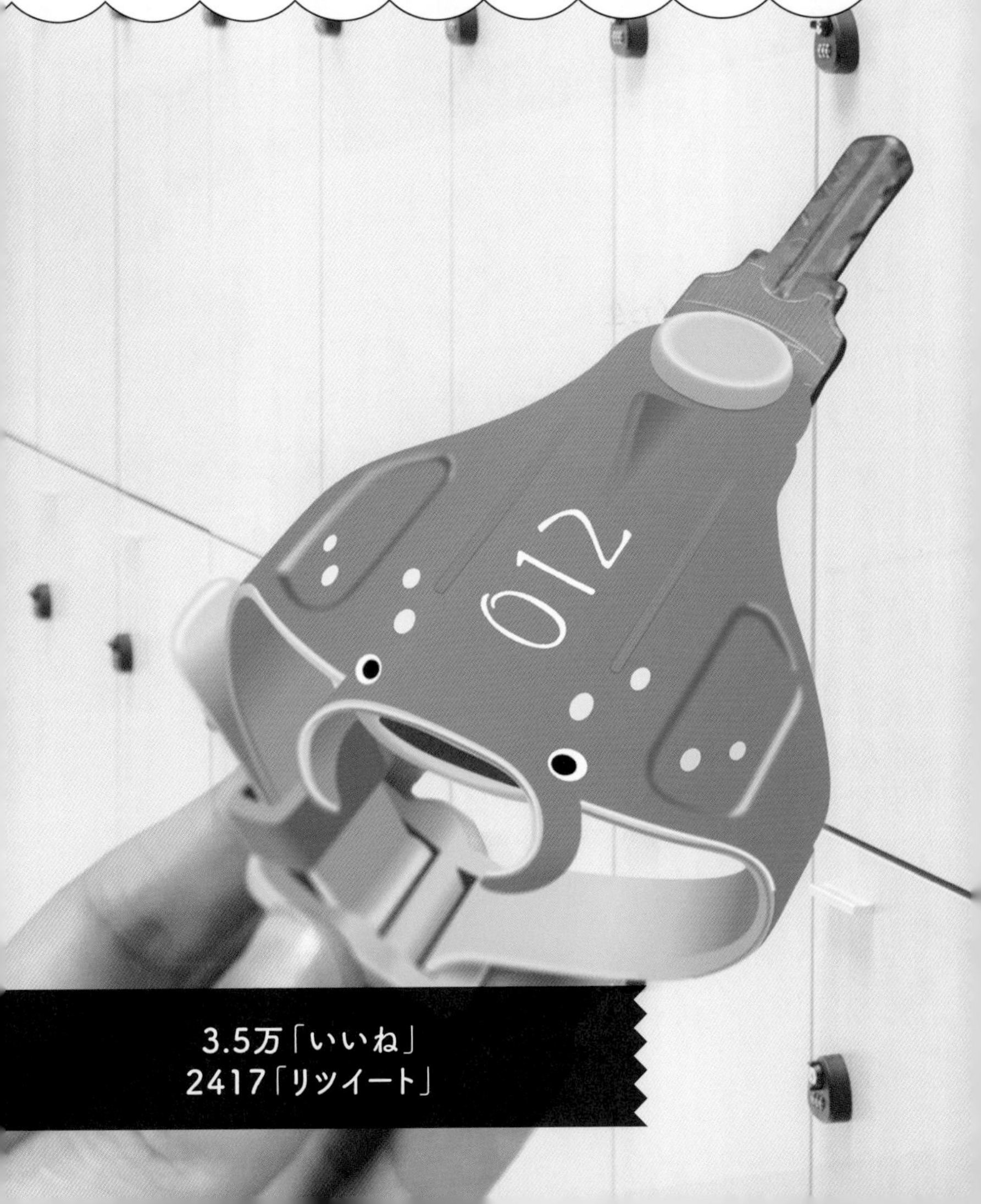

3.5万「いいね」
2417「リツイート」

溝がついた定規

中央に溝がついている定規。ここに沿ってカッターを使えば、
ズレずにまっすぐ切れる。線を引くのにも役立つ。

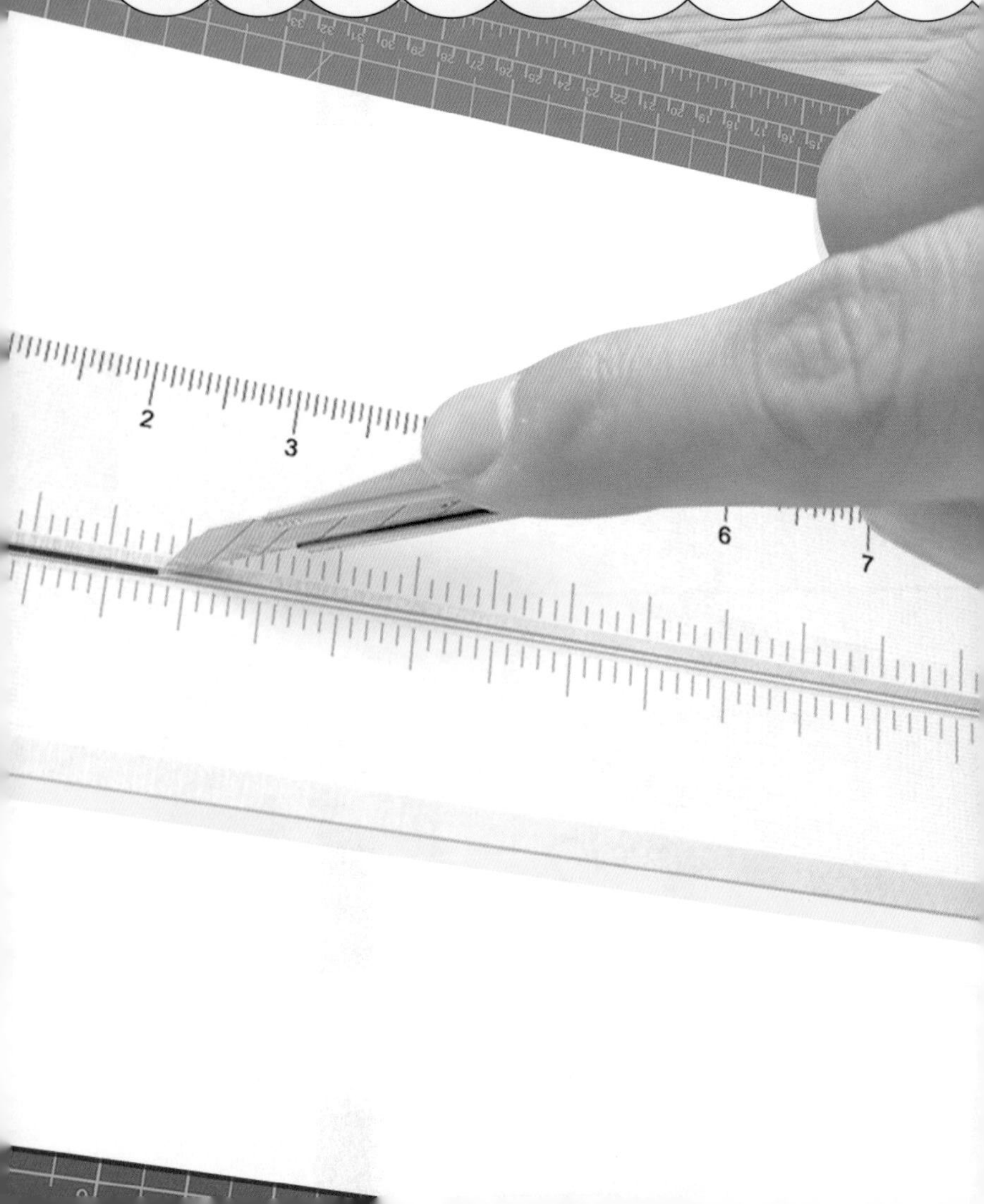

脳内マップ

特徴

定規って、カッターやペンを使うときに、よく支えにしがち

▼

もっとこうなればいいのに

横にズレずに切ったり線を引いたりできるといいのに

▼

「ちょっと変える」発想

支えにできる位置を端から「中央」に変えてみよう!

脳内マップ

課題

付箋って上下がわかりずらくて、確認せずに間違った向きで書いてしまうことがある……

▼

解決策

向きを気にせずに書けたらいいかも

▼

「ちょっと変える」発想

糊のついている位置を「真ん中」に変えてみよう！

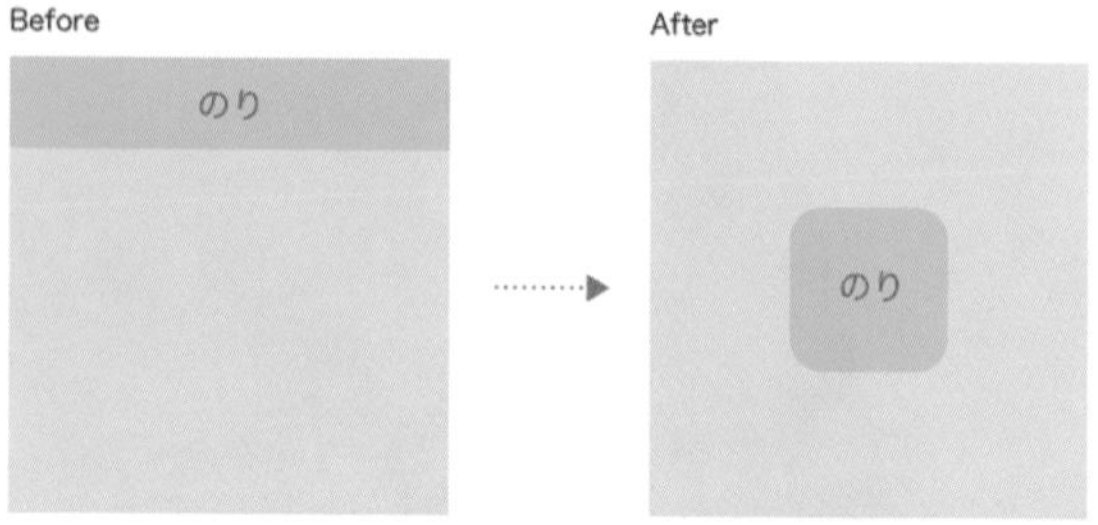

貼る向きが決まっている

自由な向きで貼れる

向きのない付箋

糊が中央についている付箋。上下や左右を気にせずに、
自由な向きで書いたり貼ったりできる。

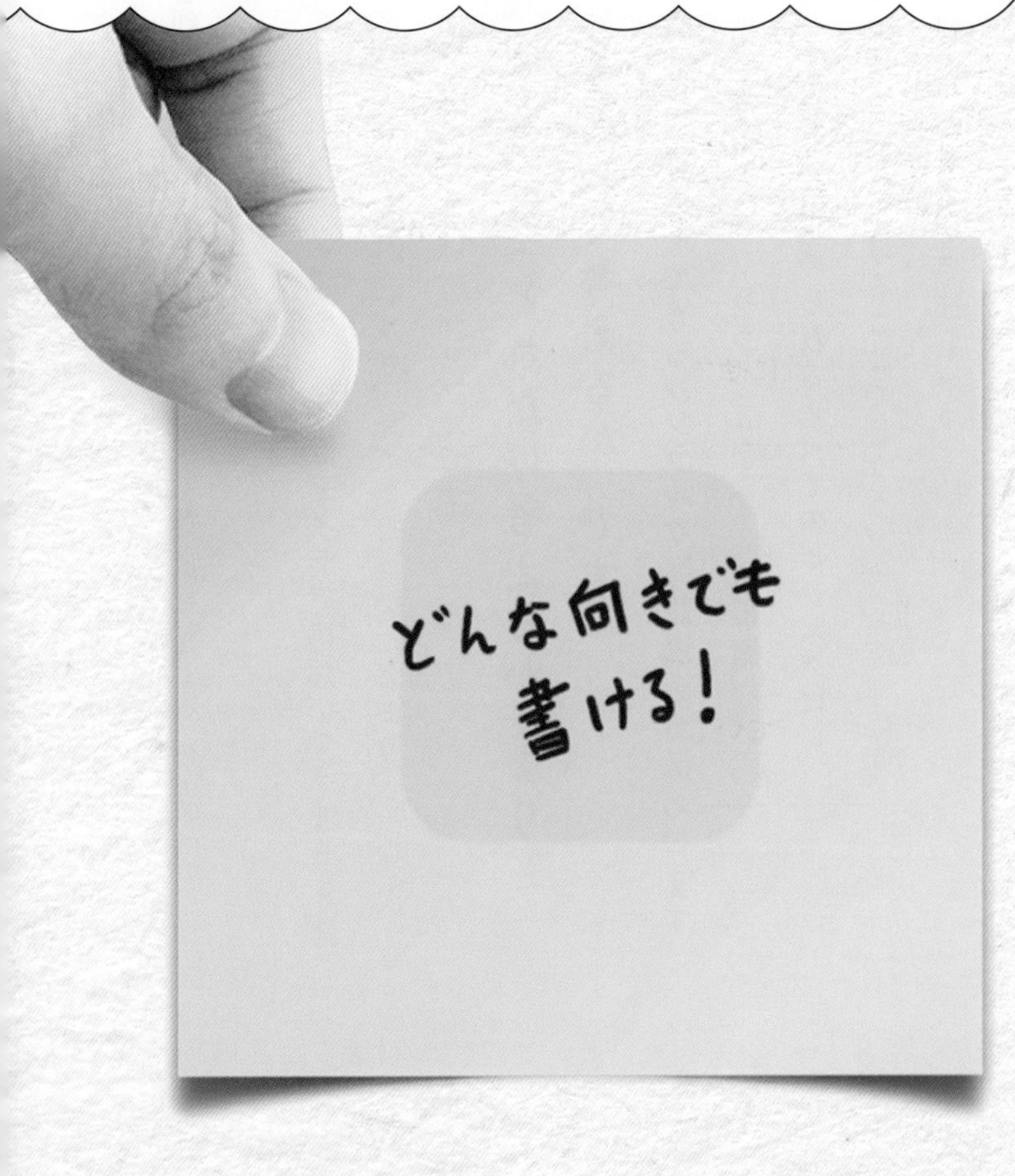

ご紹介したアイデアは、コンペで受賞したものや、SNSで話題になったものばかりです。

「私がいくら考えても、こんなアイデアは思いつきません」

よく、そう言われますが、見ていただいたとおり、考えていることは超シンプルです。

大切なのは「どれだけ考えるか」より、「どうやって考えるか」です。

本書では、誰でもできる**シンプルな発想法**をお伝えします。

商品企画の人はもちろん、サービスや事業など、「アイデア」が求められるすべてのビジネスにお役立ていただけることでしょう。

では、はじめていきましょう。

ありそうでなかった
アイデアのつくりかた

いしかわかずや

はじめに　アイデア発想に「センス」も「努力」も必要ない

「このアイデア、ありがちだよね」
「たしかに便利だけど、驚きが少ないなあ」
「もっと面白いアイデアないの？」

新商品の企画が社内で募集され、何日もかけて必死で考えたにもかかわらず、こんなふうに言われてしまった経験はないでしょうか。

いまは「便利なだけ」のアイデアでは生き残ることが難しくなり、便利なうえに、大きな「驚き」や「発見」を与えるアイデアが求められています。

そのため、ビジネスで求められるアイデアのハードルも高くなっています。評価されるアイデアを生み出すことが難しい時代になりました。

しかし、私はこう思うのです。

「いいアイデアを生み出すのに、センスも努力も必要ない」、と。

方法さえ知ってしまえば、誰でも面白いアイデアを考えられるようになります。

私がこう考えるようになったのは、大学時代のある経験でした。

なぜ、手書きの「馬サブレ」が評価されたのか？

大学1年生の時の話です。

地域のお土産を考えるプロジェクトの一環で、「馬サブレのデザインコンペ」が大学内で開催されていました。

1年生から大学院生まで参加できるコンペだったので、集まったアイデア数は500作品以上。

IllustratorやPhotoshopを駆使して、デザインや見せ方までこだわり抜かれた作品も多く、勝ち上がれるわけがないと感じていました。

パソコンの使い方もよくわかっていなかった当時の私は、なかば諦めモードで、紙に鉛筆でサラッと書いたアイデアを提出したのです。

しかし結果は、**ファイナリスト10名に選ばれ、最終投票で3位に選ばれました。**

「あんなに適当に書いたものがなぜ選ばれたのか？」

「評価ポイントはなんだったのか？」

すごく驚き、選ばれたことに納得がいっていなかった私は、納得するまで自問自答しました。

そこで、あることに気がつきました。

「どれだけ考えたか」や「どこまで時間をかけて見せ方にこだわったか」とかは実際どうでもよくて、**「相手の期待を超えるアイデアだったか」だけが評価基準なんだということです。**

本質をついていれば、鉛筆でサラッと書いたアイデアでも評価されるのです。

それができたのも、私がたいしてプレッシャーを感じておらず、リラックスした状態で、シンプルな発想でアイデアを考えられたからでした。

この経験が、私に「**いいアイデアを生み出すのに、センスや努力は関係ない**」と気づかせてくれました。

「斬新なアイデア」を求められて困っているすべての人へ

ここで、自己紹介をさせていただきます。

私はアイデアクリエイターのいしかわかずやと申します。

大手ＩＴ企業のブランドマネジメント職でデザイナーとして働くかたわら、学生時代から多数のデザインコンペで受賞し、「コンペ荒らし」と恐れられていたりもします。いまではコンペ受賞率は９割を超えました。

こういった道を目指すきっかけになったのが、先ほどの「馬サブレ」の経験です。「アイデアにセンスや努力は関係ない」と気づいた私は、そこから、自分なりの「アイデア発想の型」を生み出し、実践してきました。

コンペだけでなく、日々思いついたアイデアをTwitterやInstagramなどのSNSや、YouTubeにも投稿しています。

投稿したアイデアがバズる頻度も多くなり、朝の情報番組や「ABEMA」をはじめとする様々なメディアに取り上げていただく機会も増えました。

こういった経験を経て、自分が考えた「アイデア発想の型」は、「アイデア」に悩む多くの人のお役に立てるのではと思うようになりました。

最近は大手メーカーなどから、「社員に向けてアイデア発想のセミナーを行ってほしい」とオファーいただくことも増えています。

本書は、**「斬新なアイデアが生まれなくて困っている」という方に向けて、これまでに私が構築してきた、誰でもできるシンプルな発想法をお伝えするもの**です。

私は文房具のアイデアを考えることが多いため（一般公募のコンペが多く、アイデア発想の最適なトレーニングになるからです）、基本的には、商品企画をしている人を読者としてイメージして書いています。

ですが、**アイデア発想の思考と手順は、あらゆるビジネスにも役立ちます。**

仕事で「アイデア」を求められる人はもちろん、「アイデアを考える」ことが課せられていない方にも、本書の考え方はお役立ていただけると確信しています。

アイデアを生むために、難しい方法は必要ない

でもじつは、私はそれほど難しいことはしていません。

コンペのために一晩中頭を抱えて悩んだり、ＳＮＳに投稿するアイデアを毎日必死になって考えたりしているわけではありません。

ただ、**「シンプルな発想法」を実践しているだけです。**

いいアイデアはいつでも、シンプルです。

シンプルだからこそ理解されやすく、共感も得られるのです。

そういったアイデアを生み出すには、発想法もシンプルであるべきなのです。

誤解を恐れずに書かせてもらうと、巷にあるアイデア発想法や講座は複雑すぎて、私から見ても難しく感じます。

それに超有名クリエイターのマインドを学んだとしても、自分の仕事に落とし込むのは難しいですよね。

一方で、この本でお伝えするのは「革新的なイノベーションを起こすアイデアの考え方」でもなければ、「世の中を動かすような圧倒的なクリエイティブの生み出し方」でもありません。

「商品アイデアに悩む人」が、すぐにでも仕事や企画のアイデア出しに活用できる超シンプルな方法です。

紙とペンは必要ありません。

覚えてしまえば誰でもアイデアを生み出せるようになります。

「どう考えるか」の前に「どこを考えるか」が重要

本書でお伝えするシンプルな方法、それは「**2つのアプローチ**」と「**2つの発想法**」**です。**

前提として、**人とかぶったアイデアは評価されません**。

いいアイデアが生まれても、誰かとかぶってしまった時点で評価対象から外されてしまうことだってあります。

つまり、人とかぶらないアイデアを考えることが最低条件になります。

そこで必要になるのが、人とは異なる「アプローチ」と「発想法」なのです。

アプローチとは「発想の切り口」です。

アイデアを考える際の「スタート地点をどこに置くか」を考えることです。

「テーマから考える」「競合商品を見て考える」など、いかにも人が考えそうなところから発想していくと、生まれるアイデアも人とかぶってしまいます。

独自性を出すためには、人と違ったアプローチで考えることも必要なのです。

そこで本書では、人とかぶらない次の「2つのアプローチ」をご紹介します。

アプローチ① 製品や日常の「課題を解決する」

アプローチ② 製品の「特徴を伸ばす」

ひとつめのアプローチは、その商品に対して誰もが抱えている「課題」に気付き、それを解決する方法を考えてみることです。

たとえば、ガムテープの「転がる」という課題を解決する（↓196ページ）、付箋の「書くときに向きを間違ってしまう」という課題を解決する（↓237ページ）、などです。

もうひとつは、その商品が本来もっている「特徴」を、さらに伸ばせないか考えてみることです。

たとえば、栞の「内容を記録する」という特徴を伸ばす（↓168ページ）、傘の「みんなが使うもの」という特徴を伸ばす（↓245ページ）、などです。

発想のスタート地点を工夫するだけで周りに競合が減り、少し考えただけで新しいアイデアが生まれやすくなります。

いいアイデアを生み出すためには、**「どうやって考えるか」の前に、「どこのポイントで考えるか」が重要になるのです。**

「見立てる」と「ちょっと変える」でアイデアを生み出す

「ガムテープが転がる課題を解決しよう！」

「栞のもつ特徴を伸ばそう！」

アプローチによって、目指すアイデアの方向性が決まったら、次はそれを具体化させる「発想法」が必要になります。

ここでも、まずは前提の話をしましょう。

前提としてアイデアは、**「小さな工夫で大きな効果を生む」ほど評価されます。**

「すごいアイデアを考えるぞ！」と気合いを入れてしまうと、大袈裟で複雑なアイ

¥11

デアが生まれてしまいます。

プレッシャーにもなって無意識に発想のハードルを上げてしまうので、アイデア出しがしんどくなってしまいます。

したがってアイデアを考えるときは、気軽な気持ちで考えるのがいいんです。

そこでおすすめしたいのが、次の「2つの発想法」です。

発想法① 製品を別のなにかに「見立てる」
発想法② 製品の一部を「ちょっと変える」

ひとつめは、「見立てる」発想法です。

課題を解決したり、特徴を伸ばしたりするために、既存の製品をほかのものに見立ててみる発想法です。

見た目で製品の機能を説明できるので、**ワンビジュアルで価値が伝わり、競合が多いデザインコンペなどでとても強いアイデアが生まれます。**

見立てるモチーフによっては「より可愛く」「より面白く」なるといったメリッ

トも得られます。

「共感」が強く、見る人の「感情」に訴えかけるアイデアが生まれるのも特徴です。

もうひとつは、「ちょっと変える」発想法です。

課題を解決したり、特徴を伸ばしたりするために、既存製品の「形」「色」「素材」「機能」などをマイナーチェンジして新たなアイデアを生み出す発想法です。

「そんなことで!?」「これは思いつけそうで思いつかなかった!」など、**とくに「驚き」が強いアイデアが生まれます。**

評価されるのは「ありそうでなかった」アイデア

「2つのアプローチ」と「2つの発想法」、このシンプルな方法の特徴は、既存のものから思考がスタートしていることです。

誰も考えたことのない新しいもの生み出すのではなく、日常にあり、誰もが目にしていたものを、少しの工夫でアップデートするのです。

その結果、そこから**「ありそうでなかったアイデア」が生まれます。**

コンペで受賞したアイデアや、SNSでバズったアイデアには、「やられた！」「なんでいままで誰も思いつかなかったんだろう？」という声が多く集まります。

つまり**「これ、あったらいいよね」という共感と、「なんで、これまでなかったんだろう？」という驚き**を兼ね備えた、「ありそうで、なかった」アイデアこそ、多くの人に評価されるアイデアなのです。


本書では、実際に私が考えた30のアイデアとともに、それぞれの思考の過程を紹介しながら、「アプローチ」や「発想法」についてお伝えしていきます。

そのほかにも、**アイデア体質になるための「習慣術」や、アイデアを実現するための「プレゼン」「企画書」などについてもお伝えしていきます。**


実のところ、私が生み出したアイデアで、実現しているものはいまのところありません（いくつかは、商品化に向けて動いているところですが）。

コンペで受賞した作品も、商品化するかどうかはメーカーしだいなのです。

またなかには、実現するにはハードルが高いものもあると思います。

たしかにアイデアを考える際、実現可能性を意識することも大切です。

ですが、**「可能性」から考えたアイデアは、たいてい面白くありません。**

「まあ、そうくるよね」と、誰もが予想できるものになりがちです。

だからこそ、**まずは面白いアイデアを生み出す思考を身につけることが、なによりも大切**だと考えています。

そこから、「じゃあ、どうやって実現させようか」と考えていけばいいのです。

とはいえ、本書で紹介するノウハウで生まれる「ありそうでなかったアイデア」は、実現可能性が高いのが特長なので、ご安心ください。

「アイデア」を考えるスキルは、人生を変えてくれる

本編に入る前に、最後にお伝えしたいことがあります。

¥11

それは、**誰もが素晴らしいアイデアを生み出す素質を持っている**ということ。

本書で紹介する方法は本当に簡単で、コツを掴めば誰でも実践できます。

先日、大学1年生向けにアイデア発想の講義を開き、この手法を伝えたところ、学生自身も驚くくらい素晴らしいアイデアがいくつも生まれてきました。

私の予想を遥かに上回るアウトプットの質と量でした。


アイデアのことを発信していると、「アイデアを考えるのは企画職の人の仕事だ」と言われることがあります。

ですが、アイデアを考えることに特殊な資格や経験は必要ありません。

むしろ、**専門ではない人のひらめきこそが、停滞したビジネスや商品に新たな光を差し込む**と考えています。


くわえて私は、**アイデア発想は誰にでも役に立つスキルだと考えています。**

人は誰しも、生きているなかで不便だと思う瞬間があります。

「これ使いづらいなぁ」「もっとこうなればいいのに」と思うこと、ありますよね。

学校の先生なら「テストの採点が面倒くさい。もっと楽な方法があればいいのに」とか、サッカーのコーチなら「どうすればもっと子供たちが練習にやる気を出してくれるだろう？」とか、悩むことがあると思います。

その課題を自分で解決できたら、楽になると思いませんか？

「面倒な採点作業も、別の作業に見立てられたら、楽しくなるかも」

「やり方をちょっと変えることで、サッカーの練習がもっと楽しくなるかも」

本書で紹介する「アイデアの考え方」を知れば、こういった身の回りの不便なことに対しても、かならず前向きに考えられるようになるはずです。

一人ひとりが「アイデアを生み出す力」を身につけ、身の回りの不便を解消することができれば、世の中はどんどん便利になっていくでしょう。

そういった未来の実現が、私の願いでもあります。

この本が、アイデア発想が楽しくなるきっかけになれば本当に嬉しいです。

いしかわかずや

「ありそうでなかったアイデア」のつくりかた　目次

第1章

アイデア発想が得意な人がやっていること

第4章

最強の発想法②「ちょっと変える」発想法

第5章

いつでもアイデアが生まれるようになる「習慣術」

第6章

アイデアを実現させるために考えなければならないこと

ブックデザイン・図版製作：西垂水敦・市川さつき（krran）
イラスト：うてのての
図版製作協力：長田周平
DTP：茂呂田剛（有限会社エムアンドケイ）
校正：円水社
編集担当：石井一穂

アイデア画像製作：いしかわかずや

第1章

アイデア発想が得意な人がやっていること

「ありそうでなかった」アイデアだけが評価される理由

「共感 or 驚き」では生き残れない

便利になっていく現代では、**「共感」だけのアイデアでは生き残れません。**

「驚き」を与える独自性のあるアイデアが必要です。

たとえば「従来製品よりも切りやすいハサミ」のアイデアを考えたとします。切りやすさによるメリットには「共感」を得られますが、そこに斬新さや意外性はありません。

「驚き」が少ないため、結果として**「便利だけど、斬新さが足りないよね」**と言わ

れてしまいます。

一方で、**「驚き」だけのアイデアも評価されづらくなっている**のが現状です。

たとえば「ハサミの刃をギザギザにしたアイデア」を考えたとします。

刃をギザギザにしたことで、いままでに見たことのないハサミが誕生しました。

でも「ギザギザにした意味がわからない」と、共感は得られず、これもまた評価されづらくなってしまいます。

私も学生時代、人とかぶらない斬新なアイデアを考えれば評価されるだろうと思い込み、派手なアイデアをドヤ顔で提出していました。

しかし、目立つことばかり考えた結果、先生にはまったく共感されませんでした。

「これはいける！」と思って提出したアイデアがまったく響かず、先生が首をひねりながら見せた表情はいまでも鮮明に覚えています。共感がないと、その先にどんな驚きの仕掛けがあっても納得してもらえないのです。

つまり人は、「共感」と「驚き」に心を動かされます。

「共感」を得たうえでさらに「驚き」を与えられることが、これからの時代で評価されるアイデアの条件なのです。

「ありそうでなかった」が、「共感」と「驚き」を与える

では、「共感」と「驚き」のあるアイデアとは、どのようなものでしょうか。

左ページの図のように、**人は「身近に感じるもの」に共感し、「意外な工夫」に驚きを感じます。**

身近なものに工夫を加えるため、それは誰でも思いつくことだったりします。

しかしだからこそ、そのアイデアを見た人は「やられた！」「私が考えたかった！」と悔しがります。そして、こう思うのです。

「これ、ありそうでなかったな」

「共感」＋「驚き」＝ありそうでなかったアイデア

「共感」＝人が身近に感じられるアイデア

- みんなが抱えている課題を解決しているアイデア
- 親しみのある製品をベースにしているアイデア
- 既存の製品をより面白く、可愛くしているアイデア　など

「驚き」＝アイデアの意外な工夫

- 既存の製品を「別のものに見立てる」工夫
- 既存の製品を「ちょっとだけ変える」工夫　など

このコメントは、アイデアに対する最上の評価です。

とくに驚きが大きいと、「相手の想像を超える」「期待以上」のアイデアになり、より強い印象を与えることができます。

誰もが思いつきそうで思いつかなかった**「ありそうでないアイデア」こそ、「共感」と「驚き」を同時に与えることができる、評価されやすいアイデアなのです。**

評価されるのは「実現性」が高いアイデア

アイデアを求めている人の多くは、「このアイデアは実現可能か?」「低コストで実現できるものか?」という視点でも評価します。

少ない工夫で考えられている実現性が高いアイデアほど、評価される傾向があります。

そのため、既存の製品にちょっとした工夫を加えて実現する「ありそうでないアイデア」は、実現性が高く、評価されやすいのです。

未知のものを生み出すわけではないため、考えるハードルはそれほど高くないですが、現実には、そういったアイデアを生み出せない人がほとんどでしょう。

それは、**アイデアを生み出すことのハードルを自ら上げてしまっている**ことが原因と考えられます。

そこで次に、アイデア出しが苦手な人と、得意な人の違いについてお話しします。

アイデア出しが苦手な人がとらわれている5つのこと

「プレッシャー」を感じながら考えている

アイデア出しが苦手な人に共通する点は、5つあると感じています。

ひとつめは、**「プレッシャーを感じながら考えている」**ことです。

人は、プレッシャーを感じている環境では、良質なアイデアを考えることに集中できません。

しかし大抵の人は無意識にプレッシャーを感じながらアイデアを考えています。

たとえば、こんなふうにです。

「期日に追われながら考えている」
「時間に縛りを設けて考えている」
「他人と比較してしまっている」
「すごいアイデアを考えようとしている」

アイデアの提出期日ギリギリになって焦って考えるパターンや、近くにいる友達がアイデアを量産していて「ヤバイ！　自分も早く考えないと」と焦ること、結構ありますよね？

ですが**時間に追われたり、人と比較したりして焦りが生まれると、良質なアイデアが生まれづらくなってしまいます。**

アイデアを考える時間が充分にあったとしても、プレッシャーを感じていると、ほかのことに気を取られ、時間をフルで活用することが難しくなってしまいます。

また、複数人でアイデアを考える際は、**期日を確認したり、周りの発言に気を**

遣ったり、ほかにやることを確認しながら行ったりすると、それもまたプレッシャーになり、アイデアを考えることに集中できなくなってしまいます。

そのため私は、ひとりの時間でアイデアを考えることをおすすめしています。心と時間に余裕を持つことが、アイデアを考えることにおいて大切なのです（詳しくは91ページでもお伝えします）。

「手法」のことを考えてしまう

アイデア出しが苦手な人の共通点、2つめは「**手法にとらわれる**」です。

アイデアを出す方法で有名なものが、アイデアの種を書いた付箋を模造紙に貼っていく方法です。

しかしこの方法でアイデア出しをすると、「付箋をどう貼ろう？」とか「周りはなにを書いているかな？」と気が散りやすく、発想に集中できないことがあります。

書く作業や貼る作業は、考える作業を阻害する可能性があるのです。

私も、紙とペンでアイデアをメモしていた時期がありました。「どんなふうにメモしよう？」とか「どうせならきれいな字で書こう」など、どうでもいいところに頭を使ってしまい、まったく非効率だった記憶があります。

つまり、良質なアイデアを考えるためには、アイデアを考えること以外に頭を使わないように環境を整えることが大事なのです。

当たり前の「発想法」にとらわれている

3つめの共通点は「**当たり前の発想法にとらわれている**」です。

「はじめに」でもお伝えしましたが、**斬新なアイデアは斬新な発想法によって生まれます**。

つまり人と同じ発想法で考えてしまうと、斬新なアイデアが生まれづらくなってしまいます。苦労して生まれたアイデアも、人とかぶってしまうのです。

たとえば、「ブレインストーミング」や、そこで出たキーワードをまとめる「ＫＪ法」などは、アイデアを考える人のほとんどが活用する手法です。

ワークショップでグループを組んで、模造紙と付箋を使ってアイデアを考えましょうと言われると、みんな手元にあるアイテムを使ってブレストをします。

みんなが、テーマに関するキーワードを書いて広げていく方法でアイデアを考えることになるので、おのずとアイデアもかぶりやすくなってきます。

それらの方法を否定する気はまったくないですし、アイデアを生み出す有効な手法のひとつではあると思います。

しかし、それだけで考えてしまうと、独自性のあるアイデアは生まれないのです。

アイデアがかぶると、**評価の対象から外されてしまうリスクも高まります。**

アイデアコンペなら、中身も見てもらえずに「この辺、似たようなアイデアなので評価から外しましょう」と判断されてしまうのです。

これではあまりにも悲しすぎますよね。

したがって、人とかぶらない斬新なアイデアを生み出すためにも、既存の発想法に縛られず、自由に考えることが重要になってきます。

付箋と模造紙といった道具が用意されていると、その時点で発想の手順が縛られてしまうので、自由に発想するためにも、あえてなにも用意しないほうがいいこともあるのです。

「テーマ」から考えすぎている

4つめの共通点は、「**テーマから考えすぎている**」ことです。

幅広くアイデアを生み出すためには、様々なアプローチでアイデアを考える必要があります。

これも発想法と同じで、みんなとスタート地点を同じにしてしまうと、競合に埋もれてしまったり、アイデアがかぶりやすくなったりするのです。

マラソンでも、スタート地点には大勢の人がいて、群れで走っている状態では目立つことは厳しくなってしまいますよね。

でも、**アイデア発想に決められたスタート地点はありません。**

別にみんなと違うところからスタートしてもいいのです。

したがってアイデアに意外性や新規性を持たせるためにも、**発想のスタート地点を工夫して、いろんなアイデアが生まれるアプローチ**を実践する必要があります。

「拡散」しすぎて深掘りをしていない

最後の共通点は、「**拡散のしすぎ**」です。

アイデア出しが苦手な人の傾向として、拡散をしすぎてしまう問題があります。

とくに、付箋を模造紙に貼りながらアイデア出しするブレストでは、**付箋をたくさん貼ることをゴールにしてしまいがちです。**

ワークショップ形式では、**アイデアを考えるプロセス自体を作品として捉える人**も多いため、広げすぎていつの間にか、**テーマと関連性が薄いアイデア**が生まれる

¥11

傾向が強いのです。

拡散しすぎると、テーマからどんどん離れてくため、共感されづらいアイデアが生まれやすくなります。

また、拡散に時間を使いすぎると、深掘りにかける時間が足りなくなるので、**説得力に欠ける浅はかなアイデア**になる可能性も高くなります。

のちほど詳しくお伝えしますが、説得力の高いアイデアは、どれだけ深掘りができたかに比例するのです。

それでは逆に、アイデア出しが得意な人はどのような方法を実践しているのでしょう。

ここにも、５つの特徴があります。

ひとつずつ、ご紹介しましょう。

「ながら」で考えるから いいアイデアがひらめく

アイデアはリラックス状態で生まれやすい

アイデアを考えるのが得意な人は、**考えやすい環境をつくることも、発想法と同じくらい大切にしています。**

いつ・どこで（環境）**・どんなふうに**（発想法）**考えるか**が、アイデアの質を決めるのです。

アイデアが生まれやすい環境とは、**自分がリラックスしている状態**のことです。

アイデアはリラックスしているときにふと湧いてくる

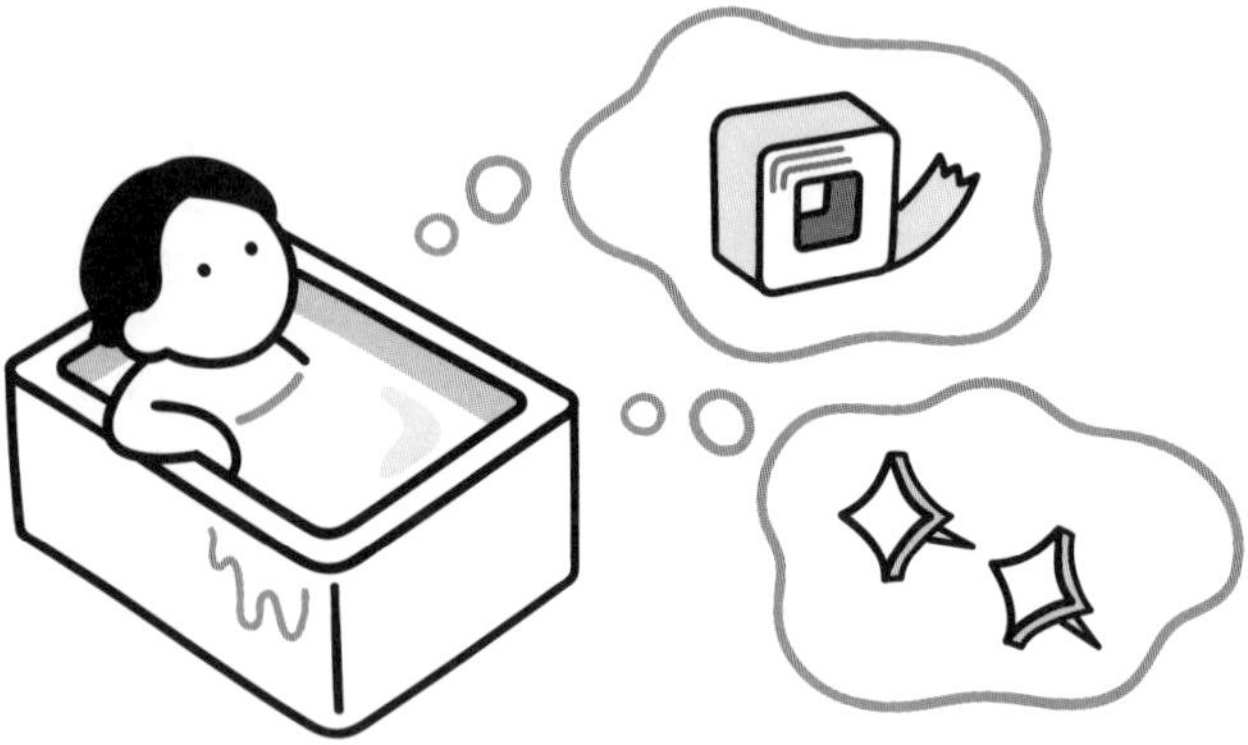

趣味に時間を使っているときや、好きなことをしているとき、ぼーっとしているときなど、プレッシャーゼロの環境で考えるのがポイントです。

リラックスしている状態では脳もリラックス状態になるため、ひとつのことだけに集中して頭を使うことが可能になります。

冷静さが生まれ、現実的なアイデアを客観的に考えることができるので、その結果、鋭いアイデアが生まれやすくなります。**時間の制限や縛りのない中でアイデアを考えることが、脳のパフォーマンスをフルで発揮することにつながるのです。**

みなさんも自分がリラックスできる環境を見つけて、その中でアイデアを考えるようにしてみてください。

体が動いているときほどアイデアは湧く

リラックスした状態のなかでも、とくに体を動かしているときはアイデアが生まれやすい傾向にあります。

それは、**体が動いていると自然と脳がリラックス状態になる**からです。

実際、私がアイデアを思いつくタイミングも、ランニングしているときや、歩いている最中であることが多いのです。

ある大学の研究では、体を動かすことで脳がより活発化すると同時に、よりリラックス効果が高められるという結果が出ています（https://wired.jp/2013/07/17/exercise-relax/）。

体と脳は連動するので、体が静止しているときに脳の動きは鈍くなり、体が動いていると、脳も活発になってくるという仕組みです。

「ランニングをしながら」「歩きながら」「料理を作りながら」「お風呂に入りながら」「電車で移動しながら」などなど。

リラックスしたうえで、**ほかのことをしながらアイデアを考える「ながら発想」が、アイデアを生み出すことにおいてとても効率的です。**

時間や手法という縛りから解放される

「ながら発想」の大きなメリットは、アイデアを考えるためにあえて時間を確保する必要がないところです。

「**起きている時間=アイデアを考える時間**」と捉えることができるので、場所と時間に縛られずに好きなタイミングでアイデアを考えることができます。

大抵の人は「紙とペンが必要」とか「人と話しながらでないと考えられない」というように、**アイデアを考える上での条件をつくってしまい、決められた時間でしか頭を使っていません。**

アイデアを考える時間を確保すると、時間に縛られながら考えることになるため、プレッシャーのある環境をつくってしまうことにもなります。

一方で、日常生活でなにかをしながらアイデアを考えられる人は、活動時間のほとんどをアイデア発想に使えるため、アイデアが生まれる確率も高くなります。

また、アイデアを生み出すことにそれほど時間をかけていないので、否定されてもさほどメンタルに影響がありません。

むしろ、「**10分で考えたあのアイデアが、ここまで評価されるなんて！**」という気持ちになったりします。

「ながら発想」で考えると自然とリラックスした状態がつくれるだけでなく、アイデアへの評価がストレスにならないというメリットもあるのです。

したがって、アイデアを考えるために時間をつくるのではなく、ほかのことをしながらついでにアイデアを考えることが、時間的にも精神的にもおすすめです。

模造紙は「頭の中」に広げて考える

紙やペンなどの道具を使いながら発想すると、そこに制限が生まれ、**「決まった手法でアイデアを考えなければいけない」という感覚**に陥ってしまいます。

そうなってしまうと、自由な発想でアイデアを考えられなくなり、出てくるアイデアの幅も狭くなってしまいます。

一方で「ながら発想」に慣れてくると、**場所や時間に縛られなくなるだけでなく、手法の縛りもなくなります。**

紙やペンなどのアイテムを使わずに、頭の中だけで考えられるようになるため、縛りがなくなり、発想が自由になるのです。

また、頭の中で考えるメリットとして、**拡散しすぎの防止**にもつながります。

先ほどお伝えしたように、アイデアを書いた付箋を模造紙に貼っていく方法などでは拡散しすぎてしまい、テーマから離れすぎて共感されにくいアイデアが生まれることも少なくありません。

一方、頭の中で考えた場合は、想像できる範囲内でしか考えられないため、テーマから近いところでアイデアを考えられるのです。

のちほど詳しくご説明しますが、**テーマから近いところにこそ、「ありそうでなかったアイデア」が眠っています。**

頭の中で考えられるくらいのアイデアが、シンプルで共感されやすいのです。

少しの工夫で大きな効果を生む「コスパのいいアイデア」を考える

「0→1」ではなく「1→10」を考える

先ほど、アイデア発想が苦手な人の共通点として「すごいアイデアを生み出そう！」と考えてしまうことを指摘しました。

いままでになかったまったく新しいものを生み出そうとすると、難しいのはもちろん、実現性が低いアイデアが生まれがちです。

「0→1」を考えるアイデアはほとんど発明品に近いので、実現性のハードルがめちゃくちゃ高くなります。

また、いままでにないものを作るということは、既存技術の応用が利かないケースが多いので、アイデアを実現する際に時間やお金がかかってしまいます。

つまり、「0→1」のアイデアはコスパが低いアイデアと言えます。


反対に「コスパのいいアイデア」とは、**既存製品を少し変えて生み出す「1→2」「1→10」のアイデア**です。

既存の技術を応用して作れて、実現性が高いのが特長です。

従来の製品の面影が残っているものも多いので、アイデアに対して親しみを持たれやすいのもメリットと言えます。

そして、従来から変わった部分を見た目で比較できるので、アイデアの価値が伝わりやすくもあります。

つまり、共感と驚きが両立した「ありそうでなかったアイデア」になります。

そしてなにより、「1→2」や「1→10」のアイデアは、**「これなら作れそう！」と思ってもらえるのが最大のメリットです。**

実際に、私が考えたコスパのいいアイデアたちをいくつかご紹介します。

たとえば、「四角いガムテープ」は、従来のガムテープの形を丸から四角に変えただけのアイデアです。

たったそれだけの変化ですが、そこから**「転がらない」「均一な長さで切れる」「積むなどして陳列しやすい」といった価値**を容易に想像できます。

ほかにも「手書き印鑑」は、文字部分を手書きに変えただけのアイデアです。手書きにすることで、**「世界で自分だけの印鑑になる」「外国人でも印鑑をつくれる」「偽造の防止になる」といった価値**がイメージできると思います。

このように、既存のものをちょっとだけ変えたアイデアは「こんな工夫で⁉」「これならすぐに作れそう」といった反応が期待できます。

いつの時代も、**評価されるアイデアは1歩、2歩先のアイデアです。**

5〜10年後にやっと実現できそうなアイデアでは、共感は得られないでしょう。人は「いま欲しい！」「すぐに作れる！」と思えるアイデアを評価します。

明日にでも実現できそうな簡単かつシンプルなアイデアが、評価されるのです。

ほんの少しの工夫で、驚きの価値は生まれる

ふつうのガムテープ

- 転がってどこかへいってしまう
- 横にして置かないと陳列できない
- 長さの目安がない

↓

四角いガムテープ

- 転がっていかない
- 縦に積んで陳列できる
- 均等な長さで切りやすい

「まるい」ガムテープを「四角く」するだけで、
さまざまな価値が生まれる!

¥11

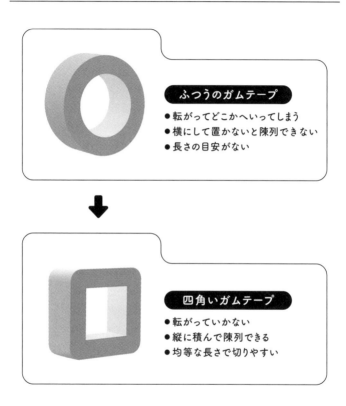

少しの「工夫」で大きな「効果」を生むのが最強

いいアイデアとは、少しの工夫で、大きな効果を生むアイデアです。

みんなが抱える課題を少しの工夫で解決するアイデアを考えられると、「これだけで、この問題を解決したの!?」という驚きの反応を獲得できます。

100円ショップや日用雑貨が売っているお店には、そういったアイデア商品が山ほどあります。

たとえば、すべての主婦の味方「立つしゃもじ」です。

しゃもじを立つようにした（工夫）だけで、みんなが感じていた衛生面の課題を解決（効果）しています。

また、「フリクションボールペン」も、ボールペンを消せるようにした（工夫）だけで、書き間違えたときの悩みを解消（効果）しています。

このように**少しの工夫で、なるべく多くの人が抱えている課題を解決するアイデアは、説得力がとても高くなります。**

一方、よくないアイデアとは、大きな工夫で、小さな効果しか生まないアイデアのことを言います。

小さな問題を解決するために大袈裟なアイデアを考えてしまうと、「確かに便利になったけど、ここまでする必要ある？」と首を傾げられてしまいます。

「こんな機能も入れよう！」「どうせならこんなこともできたらいいね！」と、アイデアを考えることに気合いを入れすぎている人や、ひとつのアイデアの中に複数の機能を設けようとする人が、こういった発想をしてしまいがちです。

ひとつのアイデアに複数の機能を入れてしまうと、アイデアが複雑化し、コンセプトもばらけて、伝わりづらいアイデアになってしまいます。

少ない工夫で大きな効果を生むアイデアを考えることは、アイデア発想の時間が短縮されると同時に、アイデアが荒唐無稽になるのを防げるのです。

¥11

たくさんのネタを出すよりも足元をひたすら「深掘り」する

「深掘り」を行うことで説得力が増す

深掘りをすればするほど、説得力が高い洗練されたアイデアが生まれます。

「どれだけ深掘りしたか？」がアイデアの質に直結するといっても過言ではありません。

そのためのポイントは、テーマや製品に対して、何度も繰り返し問うことです。

「この製品の問題点はなんだろう？」

「なんでこの問題が起こるのか？」
「どのくらいの人がこの問題に対して悩みや共感を持っているか？」
「この問題をどう解決すれば、コスパのいいアイデアと言えるのか？」

物事に対して「なんで？」「どうやって？」を追求することで、超洗練されたアイデアが生まれるのです。

そうすることで、ほかの人に「このアイデア、必要？」とつっこまれなくなります。

アイデアの深掘りは「課題の本質を突く隙のないアイデア」を生み出すために必要な工程なのです。

誰もが思いつく「キーワード」をひたすら掘り下げる

「自問自答なら、とっくにしている」

そんな声が聞こえてきそうですね。

でもその作業、**「アイデアの種をたくさん出す」ためにに行っていませんか？**


テーマからキーワードを考える際は、はじめに出てくる2～3個のキーワードをどこまで掘り下げられるかが、ありそうでないアイデアの発掘につながります。

大抵の人は「拡散」をしすぎています。

広くて浅い範囲でたくさんのアイデアを考えても、それでは驚きも少なく、見る人の想像を超えるアイデアにもなりません。

共感されつつ相手の想像を超えるためには、共感されるキーワードを選び、見る人の想像が及ばないところまで深く掘り下げることがコツなのです。


例として、みんなが当たり前のように使っているアイテムを取り上げて、深掘りしてみましょう。

たとえば「えんぴつ」を頭の中に想像して、つっこみどころを探していきます。


「まだ使いづらい部分があるんじゃないか？」

「なぜえんぴつは、六角形が多いのか?」

「もっと使いやすい形状があるんじゃないか?」

「そもそも木材である必要があるのか?」


深く考えてみると、誰もが思いつきそうで思いつけなかった、えんぴつのアイデアにたどり着くことができます。


以前、シヤチハタ主催のデザインコンペで原(研哉)賞を受賞した「筆跡えんぴつ」というアイデアは、まさにこの手順で生み出したアイデアです。

「硬度を表す2Bとか2Hって、わかりづらくない?」

「筆跡そのものをえんぴつに印刷したほうが、直感的にわかるんじゃないか?」

「書いた印象のわかりやすさ」という誰もが思いつくポイントをひたすら掘った結果、生み出されたアイデアなのです。


それが周りの意表をつき、「やられた!」「そんな手があったか!」という声につながりました。

¥11

お宝は「足元」に眠っている

人とかぶらないアイデアの考え方は、宝探しゲームでたとえられます。

広い森の中で、土の中に眠っているお宝を探すというゲームです。

「ヨーイドン！」でみんな散らばって、いろいろなところを掘っていきます。

そして、それぞれのポイントを50㎝くらい掘って、お宝がなかったらほかのポイントを探していきます。

そんななかで私は、スタート地点の足元をひたすら掘り進めていきます。

ここで伝えたいことは、**「掘る場所」**と、**「どれくらい掘るか」が重要だということです。**

みな、アイデアというと「発想を飛躍させなければ」と考えてしまいます。

ですが**「人と違う発想をしなきゃ」とみんなが思うことで、むしろ、みんな同じ**

発想にたどり着いてしまうのです。

人が掘りそうなところを掘っても、驚きを生むようなアイデアは生まれません。

ありそうでなかったアイデアは、人が掘らなそうな場所、つまり、スタート地点から近いところにあります。

そのポイントを、誰よりも深くまで掘ることが大切なのです。

思考の拡散によってテーマ（スタート地点）から離れていくほど、テーマとの関連性が薄まり、共感しづらいアイデアが生まれてしまいます。

拡散と深掘りのバランスは「2：8」くらいを意識しましょう。

スタート地点に近いから誰もが共感できて、そこを深掘りすることで驚きのある価値の発掘につながる。つまり共感と驚きが共存したアイデアになるのです。

「どれだけ考えるか」ではなく**「どこで考えるか」**。

これが、鋭いアイデアを短時間で生み出すうえで必要な考え方です。

よく目にする製品や、身の回りでよく起こる事象などを取り上げたら、それをどこまで深く掘り下げられるかが重要なのです。

発想は「広げる」よりも「深く掘る」

あらゆる「プレッシャー」を手放して考える

ほかのことを考えない環境をつくる

先ほども少し触れましたが、人はプレッシャーを感じているときに質の高いアイデアを生み出すことはできません。

ほかのことを考えている状態では、アイデア発想に集中できないのです。

つまり良質なアイデアを考えるには、できるだけ**ほかのことを考えない環境をつくることが重要です。**

アイデア出しが得意な人は、そういった環境づくりがとてもうまいと感じます。

仕事ができる人や、スポーツの上達が早い人にも、自分が作業や練習に集中できる場所やタイミングを考えるのがうまい人は多くいます。

自分がいちばんパフォーマンスを発揮できる環境を整えることが、なにごとにおいても上達するコツなのです。

それでは、アイデアを考えられる人は**どのようにしてプレッシャーを感じない環境をつくっているのか**を、ご紹介していきます。

「期日」に追われない環境で考える

「締め切りが1ヶ月先や1週間先だとしても、スイッチが入るのは締め切り前日」。締め切りギリギリまで放置し、残り数日になってはじめてスイッチが入る人も多いのではないでしょうか（というか大抵の人がそうだと思います）。

忙しさといった理由もあるとは思いますが、**多くの人は、締め切りまでにいくら余裕があっても「まだいいや」と先延ばしして、結局「期日に追われる環境」を自**

らつくってしまいます。

そして集中できないまま締め切り直前になり、結果、**間に合わせのようなアイデアを提出することになってしまいます。**

一方で、期日に追われない環境をつくれる人は、時間に余裕を持った状態でアイデアを考えることができます。

そこには、気持ちが大きく関係しています。

「アイデアを考えなければならない」という受動的な姿勢ではなく、「考えてみよう」と能動的に考えられる人が、期日に追われない環境で考えられるのです。

そのためには先ほど紹介した「ながら発想」を取り入れ、お風呂や歯磨きのようにリラックスしている状態でアイデアを考える習慣が重要になってきます。

時間に余裕を持って考えられると、アイデアを思いついた後に「もっとこうしたらよくなるのでは?」「この使い方、こっちでも応用できる気がする」など、プラスアルファの価値を考える余白も持てます。

¥11

しかし、お題を出された時点ですでに締め切り間近というケースもあります。

そんな時に役立つ考え方をご紹介します。

それは、**保険的なアイデアをまずひとつ考える**ということです。

「間に合わなければこのアイデアを出そう」というアイデアがひとつあるだけで心に余裕が生まれるので、まずはひとつ練り上げることからはじめてみてください。

「他人」と比較しない

人と比較すると焦りが生まれ、やる気やモチベーションの低下につながります。

仕事ができる同僚が周りにいるだけで「あいつはすごいなぁ」「俺も頑張らないとヤバイなぁ」なんて思ってしまうこと、結構多いのではないでしょうか?

私自身も学生時代、意識高い系の同級生が周りにたくさんいて、**そういう人と自分を勝手に比較し、焦ったり、やる気をなくしてしまったりした経験があります。**

社会人になってからも学生時代と同様に、頑張っている同僚や先輩を見て、勝手

「他人のアイデア」と「自分のアイデア」を比較しない

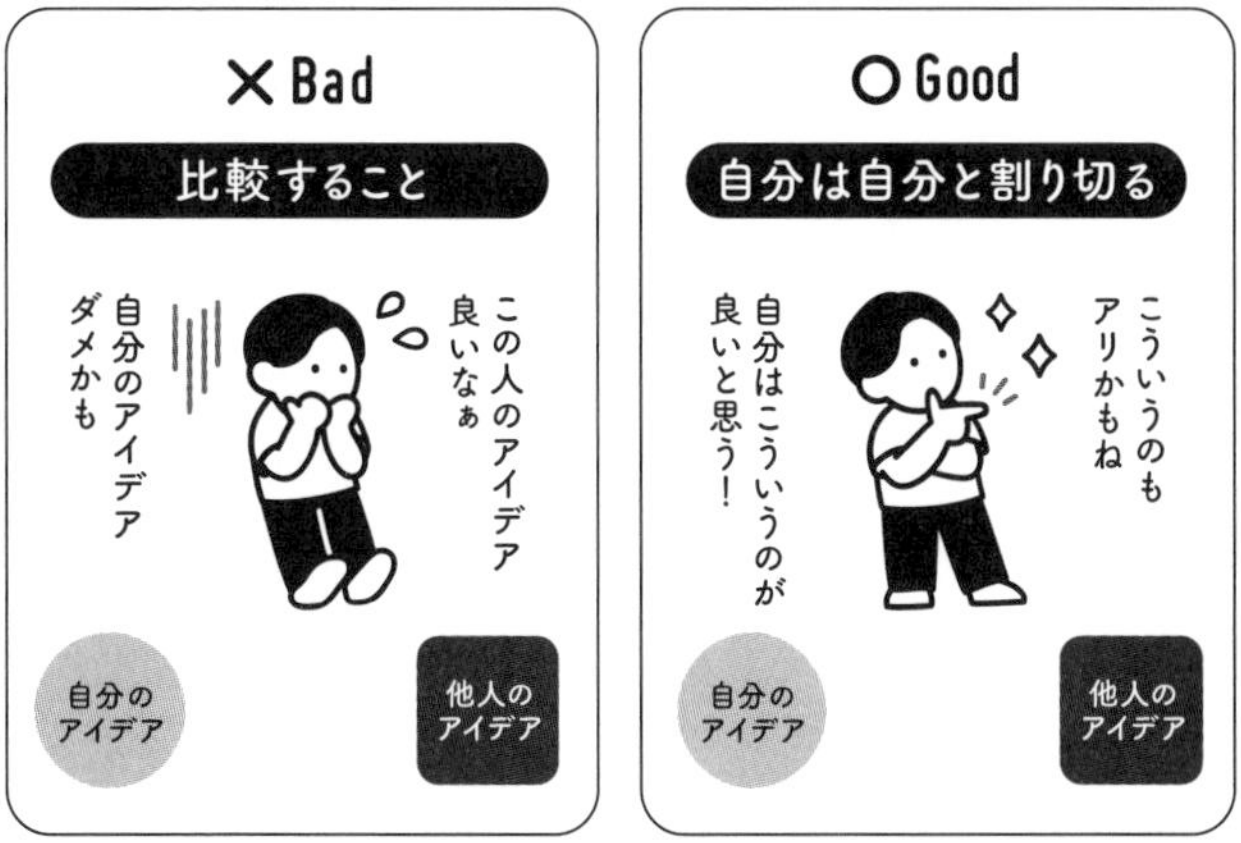

にやる気が失せてしまったという時期もありました。

はっきり言いますが、人と比較していいことなんてひとつもありません。**他人は他人、自分は自分と切り分けて考えることが大切**なのです。

アイデアも同じで、**正解も優劣も存在しないので、**誰かと自分のアイデアを比較する必要はまったくありません。

「へぇ、この人はこんなアイデアを考えるのか」

「自分のアイデアとはかぶってないから、気にせず自分のアイデアを詰めていこう」

人が考えたアイデアへの興味は、この程度でいいのです。

実際に私も、リモートワークになり人と会わなくなってからのほうが、仕事でもプライベートでも評価される機会が増えました。

要因のひとつとして考えられるのは、人と比較しなくなったからだと言えます。

みなさんのなかでも人と比べて焦ってしまう人がいたら、**他人と比較しない環境づくりを工夫してみてください。**

「すごいアイデア」を生み出そうとしない

アイデアを生み出そうとするほど、いいアイデアは生まれづらくなります。

アイデア出しには、このようなジレンマ、と言いますか落とし穴があります。

いいアイデアを生み出そうと強く思うほど、無意識に自分でハードルを上げてしまい、目指すアイデアの目標を高く設定してしまうのです。

その結果、アイデアを生み出すことが苦痛になり、アイデアを考えること自体が嫌になってしまうことにもつながります。

また、自分でハードルを上げてしまうと、シンプルでいいアイデアが生まれても、**自分の中で納得できず、ボツにしてしまうケースもあります。**

「すごいアイデアを生み出そう！」という気持ちは、**無意識に自分で自分にプレッシャーをかけている状況**をつくってしまうので気をつけてください。

私はアイデア出しをするとき、**すごいアイデアを生み出そうとはしていません。**

どちらかというと、「なんとなくこんなアイデアがあったらいいかもなぁ」くらいの軽い気持ちで考えていることが多いのです。

熱量で無理やり生み出した複雑なアイデアは共感されづらかったりしますが、なんとなく考えている時にポッと生まれたアイデアは素直でシンプルで、見る人が受け入れやすいアイデアだったりします。

アイデアを考えるときは、**四つ葉のクローバーを探すのではなく、きれいな三つ葉を探すくらいの気持ち**で考えるのがいいでしょう。

¥11

「自分の頭」で生み出し、「他人の目」で審査する

「主観」でひらめき、「客観」で見返す

前提として、「客観的」な目線で考えられているアイデアほど評価されます。

しかし、アイデアを思いつく瞬間はある種の興奮状態に近く、「これは受けるはずだ！」と自信過剰になってしまいがちです。

つまり、ひらめいた勢いのまま形にしてしまうと、主観が強いアイデアとなってしまい、評価者の心に刺さることはありません。

そこで必要なのは、**自分の中で客観的に見返す段階をつくる**ことです。

私のアイデアがまったく共感されなかった大学時代のお話をしようと思います。

当時、私にはとても尊敬していた先輩がいました。

多くのコンペ受賞経歴を持ち、大学の課題でも評価されることが多い人でした。

その先輩に憧れていた私は、浮かんだアイデアをよくその先輩に見せていました。

認められたい一心で、とにかくアイデアを持っていっては「このアイデアどうですかね？」と感想をもらっていたのです。いま思うと、相当ウザかったと思います。


ところが、まったく共感されないのです。

「面白いけど、これ使う機会ないよね？」

「開発コスト高そうだし、こんなの買う人いないよ」

当時は心をえぐられるような気持ちでしたが、先輩にアイデアを見せていくうちに、**自分の中で「客観的な視点」が足りていないことに気づきました。**

当時の私は「これ面白そう！」「これ絶対みんな使うでしょ！」という勢いだけ

でアイデアを形にしていたのです。

それに気がついた私は、視点を変え、世の中の課題を解決するアイデアを客観的に考えるようにしました。

そうしたら、その先輩がはじめて「これは面白い。実際に使われそうだからいいね！」と言ってくれたのです。

そのときのことは10年以上たったいまでも鮮明に記憶に残っています。

自分で自分のアイデアを「審査」する

「主観」だけで成立するのは、アート作品です。

実際に使うユーザーがいて、世の中を便利にするアイデアとは、つねに「客観的な視点」がないと成立しません。

したがって、思いついたアイデアを客観的に見返すことは、アイデアを考えるうえで必要不可欠なのです。

自分のアイデアを客観的に見返すことは、言い換えると「**自分で自分のアイデアを審査する**」ということです。

自分で審査することで、人に評価される確率も上がるとともに、良質なアイデアのみをアウトプットできるため、徐々にいいアイデアの条件がわかってきます。

そのときに重要なのは、**誰よりも辛口な審査員になることです。**「これは評価されるだろう」ではなく、つねに「これでは評価されないかもしれない」という気持ちでアイデアと向き合うことで、隙のないアイデアが完成します。

「客観」でアイデアを生めば的を外さない

まとめになりますが、自分の中に「主観」と「客観」双方の視点を持つことで、優れているアイデアを生み出すことができます。

とくに客観が大切であり、客観的に見て需要に応えているアイデアとは、「世の中の課題を解決しているアイデア」や「既存の製品をより便利にしているアイデア」

などを指します。

極端な話ですが、「〇〇の問題を解決する〇〇のアイデア」というコンセプトがあれば、そこで価値が保証されるため、その時点で一定の評価が約束されます。

「見る人がなにを求めているか？」「世の中の課題を解決するアイデアとは？」その答えとなる**客観的に需要のあるアイデアは、的を外さない**のです。

さて、ここまでアイデアが生まれやすい環境づくりや、アイデアが生まれやすくなるマインドについて書きました。

次章からは、この本の本質とも言える「劇的にアイデアが生まれる手順や発想法」について、多くの事例を交えながらお伝えしていきます。

第2章

人と違う アイデアを生む 「アプローチ」

アイデアが評価されるかどうかは「アプローチ」の仕方で半分決まる

アイデアの「ブルーオーシャン」を探す

アイデアを考えるうえで大切なことは、「いつ、どこで?」「どんなふうに考えるか?」です。

つまり「環境」と「考え方」。これを意識しなければなりません。

第1章では、アイデアが生まれやすい「環境」について触れてきました。

ここからはアイデア発想の本質である、「考え方」についてお伝えします。

まず**アイデアを生み出す過程は、「アプローチ（方向性決め）」と「アウトプット（発想）」に分けられます。**

それぞれの役割は、たとえるなら「ダウジング」と「スコップ」です。

ダウジングで鉱脈を見つけ、スコップを使って発掘するように、まずはアプローチでアイデアが眠っていそうなポイントを見つけ、そこをアウトプットで深掘りしていく。そんなイメージです。

大抵の人は「アウトプット（発想）」のみを意識しがちです。

アイデアを考えるうえで発想法は欠かせませんが、**どんなに頑張って考えても、似たようなアイデアを考える人が周りにいたら意味がありません。**

競合が多いレッドオーシャンで考えてしまうと、目立つこともできず周りに埋もれてしまう危険性があるのです。

異性とのデートに着ていく服選びを想像してみてください。

アウトプットだけを意識した人は、「世間で流行っているおしゃれな服」でデートに臨みます。しかし、相手には「ありきたりだし、そんなに好きではないかな」

アイデアは「アプローチ」と「アウトプット」で考える

と思われることもあるでしょう。

一方、「体型がちょっと気になるから、カバーできる服にしよう」「爽やかさを引き立てる服にしよう」とか、方向性を決めてから服を選べる人もいます。

これが、「アプローチから考えられる人」です。

結果、人とかぶらず、相手も「似合っている」と感じて、印象ＵＰになるのです。

このように、**競合が少ないブルーオーシャンで考えれば、そこまで頭を使わなくても独自性のあるアイデアが生まれやすくなり、人とかぶることもなくなりま**

す。

つまり、まずはアプローチする「アイデアの方向性」を決めることが重要です。

そのうえで、アイデアに「独自性」や「説得力」をもたらすには、「人が考えなさそうなポイントはどこか？」を意識することが大切なのです。

競合が少ない場所で考えるためにアプローチ（方向性決め）を意識し、そこでアイデアが生まれるアウトプット（発想法）を用いる。

これが、私が推奨する理想の「考え方」です。

王道は「テーマから考える」アプローチ

アイデアを考える人の多くは、与えられたテーマから発想を開始します。

代表的な発想法であるブレインストーミングでも、テーマを中心に置き、関連するワードを周りに書き足していきます。

テーマからアイデアを考えていくと、テーマと同じ方向性のアイデアが生まれ、

結果、共感されるアイデアになります。

的を外すアイデアが生まれづらくなる点が、テーマから考える方法のメリットと言えます。

とはいえ、テーマから考える際は、あまりに広げすぎないように注意が必要です。第1章でも指摘しましたが、ブレインストーミングを行い、気づいたときにはテーマと関連性の薄いアイデアばかりが並んでいるということもあります。思考を拡散させる際は、テーマとの関連性を意識しながら広げることをおすすめします。

また、テーマから広げてアイデアを考える際には、**テーマを一度咀嚼して「考えやすいキーワード」に落とし込んでからスタートすると考えやすくなります。**

企画コンペでよくあるのが、幅広くアイデアを募集したいと考えた運営側が、あえて抽象的なキーワードをテーマに設定するケースです。

たとえば最近では、「ダイバーシティ」や「これからの幸せ」、「NEXT

STANDARD」など、抽象的で、かつ大きなテーマが設定されるケースが増えました。

これらの抽象的なキーワードから思考を広げていこうとすると、テーマに対する理解や咀嚼が追いついていない状態で発想することになるので、そこから生み出されるキーワードも無理やり感が出てしまいます。

そこで、まずは抽象的なテーマを、具体的なキーワードに置き換えてみてください。たとえば、次のような具合です。

「ダイバーシティ」→みんなが使えるもの
「これからの幸せ」→人に会う機会が増える
「NEXT STANDARD」→これからの当たり前

イメージしやすいキーワードに噛み砕くことで、次のキーワードが出やすくなり、思考が拡散する速度が上がります。アイデアを考える時間が短縮できるのです。

このように発想のスタート地点をシンプルにわかりやすくすることが、アイデア

¥11

出し全体の効率化につながるのです。

人とかぶらない「2つのアプローチ」

テーマから広げるアプローチは、人に共感されるアイデアを生み出すためにとても有効な手段ですが、一方で人とかぶりやすいというデメリットが存在します。

また、**テーマから考えるアプローチだけでは、相手に驚きを与えるアイデアが生まれづらい傾向があります。**

たとえば、りんごを使った新商品を考えてください、というテーマがあったとします。

テーマから考えていくと、どうしても既存のものに引っ張られてしまいます。

アイデアを評価する人も、「きっと、ケーキとかサラダとかのアイデアが出てくるんだろうな」と、想像するでしょう。

ですが想像を超えるアイデアを生み出すためには、既存の枠にとらわれずにアプローチする必要があります。**おでんとかパスタにりんごを入れたっていいのです。**

何度も言いますが、人とかぶらないアイデアを生み出すためには、人とかぶらないアプローチや発想法を用いて考える必要があります。

相手に驚きを与えるためにも、型にはまらないアプローチで考える必要があるのです。

そこで、私自身も取り入れている、簡単で誰でも実践しやすい、人とかぶらないアイデアが生まれる最強のアプローチを２つご紹介します。

誰もが抱えている「課題」を解決できないか考えてみる

アイデアは「面白い」だけでは生き残れない

人とかぶらないアプローチ方法、ひとつめは「**課題を解決する**」方法です。

近年、アイデア商品と呼ばれるものは増え、雑貨屋には、既存の製品を少し可愛くしたものや、使い方を少し面白くしたものが多数並んでいます。

ですが、ただ「面白い」「可愛い」だけではインパクトがなく、埋もれてしまいます。

生き残るためには、誰かのピンチを助けるような力強いアイデアが必要なのです。

そこで、**みんなが抱える課題を解決する（マイナスをプラスにする）アイデアを考えてみる**ことが、「課題を解決する」アプローチです。

ここから生まれたアイデアは、「それが欲しかった！」という反応が得やすく、コンセプトも強くなります。

印鑑のアイデアで考えてみましょう。

印鑑は完成された形をしているように思えますが、よく考えてみると、課題が見つかります。

たとえば、**「どこにしまったかわからなくなり、大事なときに見つからない」**という課題です。

これには、共感する人も多いのではないでしょうか。

これを解決できる「新しい印鑑」のアイデアが浮かべば、それは多くの人に共感されるアイデアになるでしょう（ちなみに私が考えたアイデアはこちらです→229ページ）。

そして、課題に対する共感が大きいほど、解決したときの驚きも大きくなります。

そのうえで解決方法がシンプルだと、相手により強い印象を与えられます。

課題を取り上げることで「共感」を与え、シンプルな解決方法で「驚き」を呼ぶ。

「共感」と「驚き」を与えるアイデアを生み出すアプローチとして、最適解と言えるでしょう。

5秒で伝わるアイデアになる

さらにこのアプローチは、**そこから生まれるアイデアのコンセプトが明確になる**というメリットがあります。

先ほどの印鑑のコンセプトは、「失くして見つからなくなるという課題を解決する印鑑」です。

このように、課題を見つけた時点でコンセプトが明確になるため、アイデアの方向性に迷うことが少ないのです。

また、アイデアを説明するときも**「〇〇の問題を解決する〇〇なアイデアです」と、ワンフレーズで伝わるアイデアになります。**

伝わる速度が速くなると、競合作品が多い中ではとても有利になります。

企画書でも画像1枚とワンフレーズだけあれば伝わるため、わかりやすくアイデアを伝えることができます。

「課題を解決する」アプローチは、「伝わりやすいアイデア」を考えるという点においてもおすすめなのです。

まずは既存製品の「課題点」を書き出す

それでは「課題を解決するアイデア」を考えるにあたって、課題の見つけ方をお教えします。

それは、ずばり**既存の製品の使いづらい部分を探すということです。**

雑貨屋や文具店で売られている製品や、身の回りにある日用品を取り上げて、使いづらいと思う部分をひたすら考えてみましょう。

もちろん、自社の製品でもかまいません。


例として、「付箋」の課題を探してみましょう。

「貼られている付箋が指す意味がわからない」

「たくさん貼られていると汚い」

「色に意味がない」

「四角いものばかり」

「上下がわかりづらく、逆に書いてしまう時がある」

便利に感じる付箋も、あらためて考えてみると不満な点が見つかるでしょう。


「紙コップ」だとどうでしょうか。

「自分の紙コップがわからなくなる」

「長時間経つと萎れてくる」

「風に飛ばされる」

こういった点が、紙コップの使いづらい部分として挙げられるでしょう。

このように、既存の製品を取り上げて使いづらい点を考えるだけでも、発想の切り口の発見につながります。

ここでポイントになるのが、「**いかにみんなが共感する課題を見つけられるか？**」という点です。

さらに言うと、共感される課題のなかでも、「**いまだ解決されていない課題を見つけられるか？**」がとても重要です。

誰もが「確かにそれわかる！」「それあるあるだよね！」と共感し、「意外と解決されてなかったかも！」と反応するような未解決の問題を見つける。

これが、課題発見フェーズで重要なポイントです。

次に、その課題の「解決策」を考える

既存の製品から「課題点」を見つけたら、次に「解決策」を考えてみましょう。使いづらい部分に対して、**「こうなればよくなるよね」という解決策を考えます。**

たとえば「付箋」における「貼られている付箋の意味がわからない」という課題に対しては、「付箋の意味がわかる」ことが解決策になるでしょう。「たくさん貼られていると汚い」という課題に対してなら、「たくさん貼られていると可愛い」が解決策と言えます。

「紙コップ」の「自分の紙コップがわからなくなる」という課題に対しては、「自分の紙コップがわかる」が解決策に。

「風に飛ばされる」という課題に対しては、「風に飛ばされない」が解決策と言えるでしょう。

「課題」を見つけ、「解決策」を考える

ステップ① 課題を考える

例：自分の紙コップがわからなくなる

↓

ステップ② 解決策を考える

例：自分の紙コップがわかる

↓

つまり目指したいアイデアは……

「自分のものがわかる紙コップ」

ここで大切なのが、細かい解決方法まで考えないということです。

ざっくり「こうなれば解決」というくらいで考えることで、その先のアイデアが考えやすくなります。

解決策を考えたら、「解決方法＝アイデア」を考えていきます。

「たくさん貼られていると可愛い」付箋って、どんな付箋だろう？

「自分の紙コップがわかる」紙コップって、どんな紙コップだろう？

このようなイメージです。

アイデアを考える「発想法」は、第3章からお伝えしていきますね。

すでにある「特徴」をもっと伸ばせないか考えてみる

既存製品の「もっとこうなればいいのに」を考える

次に紹介するのは、**「製品の特徴を伸ばす」**というアプローチ方法です。

製品の特徴や使用シーンに着目して、「もっとこうなればいいのに」と考えてみます。

物理的な特徴をより強調したり、可愛く、かっこよく、面白く見せたり、機能や使い方をより便利にしてみたり、といった考え方です。

みんなが現状に満足している状態をよりよくする考え方なので、それなりの驚きが期待できます。

どの製品にも使えるアプローチであり、幅広くアイデアを考えたいときや、アイデアを量産したいときにとても有効な手法です。

慣れてくると、世の中のすべてのものがアイデアの題材に見えてくるでしょう。

まずは既存の「見た目」や「使い方」の特徴を考える

「特徴を伸ばす」アプローチで、アイデア発想のスタート地点を考える方法をお教えします。

まず、なんでもいいので既存の製品を取り上げて、**その製品の「物理的な特徴」や「使い方の特徴」を書き出していきましょう。**

ここでも「付箋」を取り上げて考えてみましょう。

付箋の物理的な特徴や、使い方の特徴を書き出していくと、

「貼ると四角いものがたくさん並ぶ」

「一部だけ飛び出ている」

「大事なところの目印になる」

「勉強で使うことが多いアイテム」

などが挙げられます。

次に、もっとよくなる「プラスアルファ」を考える

次に、これらの特徴に対し、「もっとこうなるといい」というプラスアルファの価値を考えていきます。

「一部が飛び出ている」→「一部だけ見えていると可愛い付箋」（より可愛くなる）
「目印になる」→「わかるだけでなく、勉強が捗る付箋」（より便利になる）

「特徴」を見つけ、「プラスアルファ」を考える

ステップ❶ 特徴を考える

例：「付箋」は一部だけ飛び出ている

↓

ステップ❷ 「もっとこうなればいいのに」を考える

例：飛び出していると可愛い

↓

つまり目指したいアイデアは……

「飛び出していると可愛く見える付箋」

ここから生まれたのが、付箋の特徴に「可愛い」という価値を足した「サメの背ビレ付箋」や、優先順位がわかる「メモリつき付箋」といったアイデアです。

このように、**「製品の特徴」に着目して、それを「もっとよくする方法」を考えていくのが、ふたつめのアプローチ方法です。**

もったいぶって恐縮ですが、そのためのアイデアを生む発想法については第3章からお伝えしますね。

「まったく関係のないもの」からアイデアを考えることも大事

「お題」を意識しすぎると考えが固執する

「課題を解決する」「特徴を伸ばす」の、2つのアプローチ方法を紹介しました。みなさまにおすすめしたいのはこの2つの方法ですが、じつはもうひとつ、私が実践しているアプローチ方法があります。

それは、**「お題から離れて考える」**という方法です。

107ページでもお伝えしたように、もっともメジャーなアプローチは、与えられた「テーマ」からアイデアを考えていく方法です。

企画コンペのようにテーマが決められていなくても、自社の商品やサービスといった「考えの出発地点」になる題材がある場合がほとんどでしょう。

たとえば「コピー機」を扱うメーカーなら、「コピー機」を出発地点にしてアイデアを考えるのは当然のことです。

しかしその場合、**自社商品という「お題」に縛られるため、考えの幅は狭くなります。**

それでは「共感」は生まれても、「驚き」や「意外性」のあるアイデアは生まれません。

そこで、ときには「お題」から離れてアイデアを考えてみるのもおすすめです。

一見関係のないところからアイデアの種を見つけ、それを「お題」と結びつけてアイデアを生み出すと、評価者の想像を超えたアイデアになります。

その結果、「そうきたか!」「やられた!」と、「驚き」を与えやすく、かつ「人とかぶらない」アイデアが生まれやすくなるのです。

「たまたま目に入ったもの」から考えてみる

「お題から離れて考える」際は、**「たまたま目に入ったものから考える」方法がおすすめです。**

身の回りの日用品や製品、目に入った公共物などを取り上げて、それを自社が扱う商品といった「お題」と結びつけるように考えていきます。

たとえば以前、繁華街を歩いていたらたまたま目に入った看板から、アイデアを考えたことがあります。

夜の繁華街にはすごい量の看板がきらめいていて、私は圧倒されてしまいました。

この光景が面白いと感じ、なにかほかのアイテムに落とし込めないかなと考えてみたのです。

このときは、「付箋」と組み合わせる形でアイデアを考えました。

そうして生まれたのが「繁華街になる付箋」です。

「平面から四角いものがぴょこぴょこ飛び出ている」という繁華街の看板の特徴と、本から飛び出す付箋が似ていたため、組み合わせてみたのです。

おそらく「付箋」というお題から、「繁華街の看板に見立てる」というアイデアにたどり着くのは、難易度が高いと思います。

たまたま目に入ったものを、自社が扱う商品といった「お題」に掛け合わせることで、「意外性」や「独自性」のあるアイデアが生まれるのです。

「コンセプト」は後付けでもいい

しかしここで気をつけなければいけないのが、「テーマ」から離れて考えるぶん、「共感」が薄くなる可能性もあることです。

先ほどの「繁華街になる付箋」なら、「ただユニークなだけだよね」で終わって

「目に入ったもの」を「テーマや題材」と組み合わせる

目に入ったもの ＋ **求められているお題**

繁華街の看板　　付箋

↓

「繁華街の看板みたいな付箋」

＋

コンセプトを後付け

勉強するモチベーションが上がる

しまうということです。

「わかる、たしかに付箋と看板は似ているよね」という「なるほど感」はあっても、「驚き」は生まれません。

そこで必要になるのが、**後付けでもいいので「コンセプト」を設定することです。**

極論ですが、私はアイデアのコンセプトは「後付け」でもいいと考えています。アイデアが求められる場にもよりますが、基本的にアイデアは、面白さや斬新さがあれば評価されると考えています。

先ほどの「繁華街になる付箋」なら、次のようなコンセプトが後付けできるでしょう。

「勉強すればするほど繁華街が仕上がり、モチベーションが高まる」
「キャバクラまみれになる人や、居酒屋街になる人など、自分だけの本がつくれる」
「台湾や歌舞伎町など地域ごとに作れば、お土産としても需要がある」

このように、見た目での面白さを考えた後に、「使うことでどんな価値が生まれるか（＝コンセプト）」を考えることが重要です。

そうすることで、ただ面白いだけの思いつきのアイデアも、誰もが「ほしい！」と思うアイデアになるのです。

お題に縛られてアイデアの幅が制限されるくらいなら、一度シンプルに「ほしい」と思えるアイデアを考えてみてください。

「コンセプトはあってないようなもの」という気持ちで、ときには思いつきでアイデアを考えてみましょう。

アイデアを考えることは、それくらい自由でもいいと覚えておいてください。

グループでアイデアを考えるときは「その場」で考えてはいけない

「みんな」で考えようとしない

アイデアを考えはじめるときに、もうひとつ気をつけてもらいたいことがあります。

それは、**「みんなで考えようとしない」**ということです。

思考におけるアプローチとは少し話が変わりますが、アイデアを考える際の過程の話のひとつとして、本章の最後に触れようと思います。

会社の企画会議など、複数人でアイデアを考えることも多いことでしょう。

しかし複数人でアイデアを考えた際、「2時間で2つしかアイデアが生まれなかった……」「こんなに考えたのに、これだというアイデアが出ない……」といった経験はありませんか？

それは、「プレッシャーを感じている環境」でアイデアを生み出そうとしているからにほかなりません。

第1章でもお伝えしたように、アイデアは集中できる環境（＝リラックスした状態）で生まれるものです。**グループで考えている時点で、すでにプレッシャーを感じている環境になってしまっているのです。**


それでは、グループでアイデアを考えてはいけないのでしょうか？

答えは、「NO」です。

グループでも、工夫次第でアイデアを量産することができます。

むしろ、ポイントを押さえて実践することで、ひとりで考えるよりも超効率的にアイデアを量産することが可能になります。

「種」を持ちよって、みんなで育てる

やってはいけないのは、みんなで集まってからアイデアを考えることです。

要するに**考える「素材」がない状態で集まってはいけない**ということです。

グループワーク中はほかのことに気を遣っている状態なので、アイデア出しに集中できないことが多いでしょう。

そして、気を遣ってしまうのは、グループワーク中の沈黙が原因だったりします。なにについて話せばいいかわからない状態では、話し合いも盛り上がらず、沈黙になってしまうのは当然です。

つまり「**ゼロからアイデアを考える→アイデアが出ない→沈黙が訪れる→気を遣ってさらにアイデアが出なくなる**」という負のサイクルが生まれているのです。

話が盛り上がるようにするためには、「素材」を用意しなければいけません。

参加者それぞれがアイデアの種を持ち寄って、それを素材にみんなで考えるよう

にしてください。

アイデアの種は、かならずひとりの頭の中から生まれます。

グループで集まる目的は「アイデアの種に水をあげて育てる」ことです。

みんなで料理を作るシーンを想像してみてください。

テーブルの上になにも素材がない状態で「なにを作ろうか？」と話しあっても、すぐに「これを作ろう！」という結論に至るのは難しいと思います。

一方で、テーブルの上に「にんじん」「タマネギ」「ジャガイモ」が置いてあれば、「今日はカレーを作ろうか！」と、結論を導きやすくなりますよね。

「いいね！　じゃあ私、ジャガイモ切るね」など話の展開も早くなり、時間も有効活用できます。

それと同じように、人は「お題や素材」がある状態だと話をしやすくなります。

「アイデアの種をひとりのときに考え、それをみんなで持ち寄って、考える」

これが、グループでアイデアを考える際の鉄則です。

¥11

知っておくべき発想法は「たった2つ」でいい

ガラガラの映画館なら席選びにも苦労しない

アイデアを考えるための「アプローチ」の重要性についてお伝えしてきました。
この考え方を人に伝えるとき、私はよく「映画館」のたとえ話をします。
同じ映画を見に行くAさんとBさんがいたとしましょう。
Aさんは、新宿の混んでいる映画館で見ようとしています。
一方でBさんは、2駅先の空いている映画館で見ようとしています。

新宿にある人気の映画館は、人もたくさんいて、席を取るのも一苦労です。人混みの中で見ることになるので、ストレスを感じてしまったりします。「残りわずかな空席のなかで見やすい場所はどこか?」「人が多いから早めに行ったほうがいいかな?」など、Aさんは考えることも多くて大変です。

一方で、2駅先にある人気のない映画館は、人が少なく席が選び放題です。ほぼ貸し切りなので、ストレスがなく、優越感に浸りながら見られます。場所選びに成功しているので、Bさんは席選びや入場時間などに気を遣うこともありませんでした。

なにが言いたいかというと、**人がいないポイントを見つけることができたら、そこでたくさん頭をひねる必要がなくなるということです。**

アイデアも同じです。人が考えそうもないポイントからアプローチすることで、そこで生まれるアイデアにはすでに独自性がもたらされるため、いろんな発想法を試したり、たくさん頭を使ったりしなくてもよくなります。

アイデアを考える場所選びは、その先のアイデア発想における労力の削減にもつながるのです。

「見立てる」と「ちょっと考える」だけでいい

ここまで、アイデアが生まれる「環境」と「アプローチ（方向性決め）」についてお話ししてきました。次の第3章からは、いよいよ「発想法」の話になります。

そして先ほどお伝えしたように、「アプローチ」の段階で他人と差をつけることができたら、「発想法」ではそれほど頭をひねる必要はありません。

世の中にはいくつもの発想法が存在します。

王道のブレインストーミングから、オズボーンのチェックリスト、マインドマップなど、数え切れないほどです。

思考法に関する本もたくさんあります。

でも、そんなにたくさん覚えなくていいんです。


だから、**この本でお伝えする発想法は、2つだけです。**

ひとつめは、要素と要素を組み合わせてアイデアを生み出す**「見立てる」発想法。**

ふたつめは、既存の製品を少し変化させてアイデアを生み出す**「ちょっと変える」発想法**です。

どちらもシンプルな方法なので、頭の中だけで考えられるのが特徴です。

慣れると「いつでも、どこでも、いくらでも」アイデアが生まれる状況になっていきます。

あなたは「発想法」を持っていますか？

そもそも大半の人が、「発想法」を意識せずに、闇雲にアイデアを考えているのではないでしょうか。

類似アイデアを見て真似したり、使い慣れてない発想法をいくつも使って、苦しいなかでアイデアを考えていたり。

「なにを考えるか」の前に、「どうやって考えるか」に迷ってしまう人が大半です。


一方で、自信の持てる発想法を知っていると、考えるスピードは格段に早くなり、アイデアを考える負荷も軽くなります。

「どうやって考えればいいのだろう？」と迷いながら考えるのではなく「**まずはあれを考えて、そこから次はこれを考えて」と、やるべきことが明確になります。**

思考がシンプルになり、考える際のストレスも軽減されるため、アイデアを考えることに注力できるのです。

それでは、私がおすすめする「人とかぶらず、ありそうでないアイデアを生み出す最強の発想法」をみなさんにご紹介していきましょう。

第3章

最強の発想法①「見立てる」発想法

既存どうしの組み合わせが見たこともない「化学反応」を生み出す

「要素」と「要素」を組み合わせる

いよいよ、この本のメインとなる発想法の部分に入っていきます。
お伝えしたい発想法は、「見立てる」と「ちょっと変える」のたった2つです。
第3章では、まずは「見立てる」発想法についてご説明していきます。

これは「**既存の要素どうしの組み合わせ**」で**アイデアを生み出す手法**であり、おもに「製品×他事象」の化学反応で成り立ちます。

「5秒で伝わるアイデア」を考えるにあたってとても有効な手法のひとつです。

では具体的に、なにをどう見立てるのか。

見立てる発想法で生み出したアイデアをいくつか紹介していきます。

見立てた事例「課題炎上付箋」

ひとつめは「課題炎上付箋」です。これは「付箋」を「炎」に見立てたアイデアです。

解けない問題があるページに炎型の付箋を貼ることで、課題が燃えて教科書が炎上しているように見えます。

そして燃えているのを見て、焦って消火（勉強）したくなる効果があります。

このアイデアは、どんな手順で生まれたのでしょう。簡単に説明します。

まずこのアイデアは、第2章で紹介した2つのアプローチのうち、「課題を解決する」アプローチで考えています。

「付箋」の課題を考えてみたところ、「貼られている付箋の意味がわからない」「そもそも勉強や宿題をやらない」といったことが見えてきました。

そこで、解決法として「焦らせることで勉強させる」付箋ができたら、価値のあるアイデアになると考えました。

では、それを実現するにはどんなアイデアが必要か。

ここで「見立てる発想法」の出番です。

「焦る」という言葉からイメージするものを考えます。

そこで浮かび上がったのが、「炎」でした。

この「炎」を「付箋」で見立てたことで、「炎に見立てた付箋」のアイデアが生まれました。

また、付箋を炎に見立てたことで、「炎上させて焦らせることで勉強や宿題を促す」という価値が生まれましたが、それで終わりではありません。

付箋を炎に見立てた「課題炎上付箋」

課題

貼られている付箋の意味がわからない

▼

解決策

焦らせることで勉強させる

▼

「見立てる」発想法

見ると焦るモチーフといえば?→「炎」

炎上させて
焦らせることで
勉強や宿題を促す
課題炎上付箋

プラスアルファの価値

❶ 炎の大きさに種類をつくれば、優先順位も可視化できる

❷「消火」と、知識として「消化」する意味がかかったコピーがつくれる

より「強いアイデア」にするには、その他の付加価値も必要です。

「炎の大きさによって問題の優先順位を可視化できる」

「消火と、知識として消化することがかかっているから、意図がわかりやすい」

こういった価値も見えてきたため、いいアイデアだと感じました。

見立てた事例「お米の両面テープ」

見立てる発想法で生み出したアイデア、2つめの事例は、「お米の両面テープ」です。

これは、見たとおり「お米」に見立てた「両面テープ」です。

指にくっつけることで、指1本で本のページをめくることができます。

乾燥肌の人にとって、とても嬉しいアイテムです。

このアイデアは、どんな手順で生まれたのでしょうか。

このアイデアも、アプローチの種類としては「課題を解決する」でした。製品の課題ではなく、「指が乾燥して、本のページがめくりづらいときがある」という、行動における課題に着目しました。

そしてこの課題は、「指に紙がくっついてくる」「指1本でめくれる」アイデアによって、解決できると考えました。

そこで、**「指にくっつくものといえば?」と考えたところ、浮かんだのが「お米」でした。**

こうして、お米に見立てた「指につける両面テープ」というアイデアが生まれました。

このアイデアの価値も、「指1本でページがめくれる」だけではありません。**「お米に見立てたことで、くっつくアイテムだとすぐにわかる」「乾燥肌の人用に、粘着力が強いもち米。女性用に、細いタイ米など、みんなが使いやすいようにお米にバリエーションを設けられそう」**といった付加価値も見えたため、いいアイデアだと感じました。

¥11

粘着テープをお米に見立てた「お米の両面テープ」

課題

指が乾燥してページがめくれないときがある

▼

解決策

指に紙がくっついてくると嬉しい

▼

「見立てる」発想法

指にくっつくものといえば？→「お米」

指にくっつける
ことでラクに
ページをめくれる
お米の
両面テープ

プラスアルファの価値

❶ くっつくアイデアだとすぐにわかる

❷「乾燥肌用＝粘着力が強いもち米」、「女性用＝細いタイ米」など、バリエーションもつくれそう

「なにを見立てるか」にルールはない

見立てる方法のなかにも様々なアプローチが存在します。

それは、製品の「なにを見立てるか?」という点です。

たとえば、先ほど紹介した「課題炎上付箋」や「お米の両面テープ」は、付箋や両面テープの「形」を見立てたアイデアでした。

「形」や「色」といった見た目の特徴から見立てるモチーフを探す場合もあれば、使い方などの「機能」を見立てるケースもあります。

見立て方にバリエーションを設けることで、ひとつの製品を取り上げたとしても、そこから生まれるアイデアの量を増やすことが可能になります。

「課題を解決する」×「見立てる」発想法

私が頭の中で行っている「見立てる」発想法の手順を紹介します。

慣れてくると頭の中で実践できるようになりますが、初めはこの手順を意識してアイデアを考えていくことをおすすめします。

ちなみに、この手順で学生にアイデアを考えてもらったところ、学生自身も驚く量のアイデアが生まれました。

なおアプローチの方法が異なる場合、必要になる「見立て方」も異なってくるため、それぞれ別の発想手順を用いて説明します。

まず、「課題を解決する」アプローチで考えたことを、見立てる発想法で生み出す手順は、次のとおりです。

①製品や日常の「課題」を考える
②「解決策」を考える
③解決できる「見立てるモチーフ」を探す

モチーフとは、たとえば先ほどの「課題炎上付箋」なら「炎」であり、「お米の両面テープ」なら「お米」です。

「使用者に焦ってほしい→焦るものってなんだろう→炎（見立てるモチーフ）」
「ページが指にくっついてほしい→くっつくものってなんだろう→お米（見立てるモチーフ）」

というようにして、見立てるモチーフを探していきます。

見立てるアイデアで課題を解決すると、見た目が「可愛い」だけでなく、世の中の需要に応えた「便利なもの」になります。

よって、アイデアとしてとても受け入れられやすい傾向にあります。

¥11

「特徴を伸ばす」×「見立てる」発想法

しかし、見立てる発想法で「課題を解決する」アイデアを生み出すのは、効果が大きいぶん、少しハードルが高いのが難点です。

そこで次は、もっと簡単な「製品の特徴を伸ばす」アプローチから、見立てる発想法で考える方法を紹介します。

「製品の特徴を伸ばす」アプローチで考えたことを、見立てる発想法で生み出す手順は、次のとおりです。

①製品の「特徴」を考える
②「もっとこうなればいいのに」を考える
③特徴が似ている「見立てるモチーフ」を探す

123ページでお伝えした「サメの背ビレ付箋」も、この手順で考えました。

付箋の「一部だけ飛び出ている」という特徴をより伸ばすために、「飛び出ている」という点が共通する「サメの背ビレ」をモチーフにして、見立てたアイデアです。


見立てる発想法について説明しましたが、じつはこれ、みなさんが日常の中で無意識に実践している考え方なのです。

それは、**会話するときの「たとえ話」です**。

私たちは、ある内容をわかりやすく相手に伝えるために、「別のモノに見立てて話す」ということを無意識に行っています。

そう考えると、さらに簡単に感じると思います。

「たとえ話」を考える感覚で「見立てるアイデア」を実践してみると、案外スムーズにアイデアを生み出せるということです。

¥11

「好感度」が上がり、「ひと目で伝わる」アイデアが生まれる

「親しみやすいアイデア」が生まれる

「べつにお米じゃなくても、ただの両面テープでいいんじゃないの？」

見立てる発想法の説明を聞いて、こう思った方はいませんか？

いえいえ、見立てる発想法は、なにも手軽にアイデアを生み出せるだけでなく、ほかにもたくさんのメリットが存在します。

見立てるアイデア最大の特徴は、**見た目の愛らしさが増して、製品の好感度が上がることです。**

見立てているモチーフが可愛いと、製品に対しても可愛い印象を感じやすくなります。文房具や雑貨の見た目が「動物」や「食べ物」になるだけで、製品が一気に可愛く感じてきますよね。

人は親しみを感じた製品には愛着が湧くため、長く使ってもらえる可能性も高くなります。プロダクトを長く使ってもらうためにも、「見立てるアイデア」はとても有効なのです。

「見た目で機能がわかるアイデア」が生まれる

「べつに可愛い付箋なんて、山ほどあるよね」

見立てるメリットが「可愛くなる」と聞いて、こう思った方も多いのでは。

はい、そのとおりです。

だからこそ、ただ「見立てる」だけではだめで、**それによって課題が解決されたり、既存の特徴がさらに伸ばされたりする「価値」があることが欠かせません。**

見た目が可愛いだけでなく、ちゃんと意味がある。

そのギャップに、人は驚くのです。

その点をしっかり押さえたアイデアは、見ただけで製品の機能や使い方が伝わりやすくなります。要するに**「見た目で機能が説明できる」**ということです。

「その見た目にしたことで価値が生まれたアイデア」なので、見た目から使い方や機能が瞬時に理解できるようになるのです。

たとえば、指にくっつけてページをめくる粘着テープは、見た目が「お米」になることで、なんとなく「くっつくもの」とイメージさせることができます。

本来のモチーフが人に与える印象を利用して、製品の機能をわかりやすくイメージさせられるのです。

文章で説明しなくてもビジュアルで機能や魅力が伝わるため、コミュニケーションコストが低く、理解されやすくなります。

より明確に、シンプルに伝わるので、競合が多い市場でも優位に立てるでしょう。

見た目の愛らしさだけでなく、使い方が想像できて、自分でも使えそうと瞬時に理解できることも、親しみを感じてもらうことにつながります。

「一瞬で伝わるアイデア」が生まれる

見立てる発想法で生まれるアイデアは、見た目でアイデアの説明ができるため、**言葉を足して説明する必要がありません。**

たとえば、課題が炎上する付箋は「炎型の付箋」と説明できますし、指につけてページをめくる両面テープは「お米型の両面テープ」と説明できます。

「見立てるアイデア」は、**見た目の情報を伝えることで、アイデアを説明できてしまうのです。**

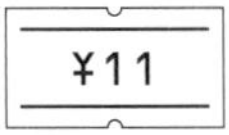

じつはガチャガチャコーナーには、「見立てたアイデア」が多く存在しています。「バナナに見立てたインコ」「おにぎりの具に見立てた指輪」「山に見立てた亀」などなど、「よくこんなの思いついたな」と感心するような、「○○（モチーフ）な○○（製品名）」で説明できる商品で溢れています。

基本的にガチャガチャは1台で置かれていることはなく、周りにはつねに競合がいる状態です。

そのため、**ユーザーの心を一瞬で打ち抜き、足を止めさせなければならず、「ワンビジュアルで魅せる」「5秒で伝える」ことを意識したものが多い**のです。

これは企画コンペにおいても必要な戦略でもあるため、ガチャガチャのコンテンツは商品開発の大きなヒントになります。

「見立てる」発想法は、ただ見た目を可愛くするだけでなく、一瞬で伝わるアイデアが生まれるというメリットがあるのです。

「人の行動を変えるアイデア」が生まれる

見立てるアイデアは、モチーフに対する既存の印象があるため、**感情を動かし、ときには人の行動を変えるきっかけになることも特徴のひとつと言えます。**

たとえば、盗難防止のステッカーが「人の目」のデザインになっているだけで、ただのステッカーなのに、見られている感覚が増しますよね？

それによって行動が抑制され、盗難率が低くなったりします。

「課題炎上付箋」も、付箋を「炎」に見立てることで「焦る」という感情を呼び起こし、勉強させることを目的としています。

このように見立てる発想法は、見た目がユニークなだけでなく、**ワンビジュアルで機能が伝わり、見る人の感情を動かし、行動を変えることができるアイデアを生み出せる可能性を秘めているのです。**

¥11

「見立てる」発想法のパターン①
「形」を見立てる

「ワンビジュアル」で価値が伝わる

先ほど、「なにを見立てるかによって、様々な方法がある」とお伝えしました。

私も「形」「機能」「色」「動き」と、様々なポイントで見立てることがあります。

次のページからは、実際に考えたアイデアを例に、様々な「見立て方のパターン」をお伝えしていきます。


まずは「形」を見立てるパターンです。

「形」を見立てると、**見立てたモチーフの持つ印象を「プラスアルファの価値」としてプロダクトに付与することができます。**

見た人の感情を動かしたり、行動を変えたりすることに直結します。

先ほどの「課題炎上付箋」も「形」を見立てたアイデアです。

「炎」に感じる「焦り」の印象が、「勉強を促される」というプラスアルファの価値を生み出しました。

視覚から価値が伝わりやすく、ワンビジュアルで伝わりやすいのも「形を見立てる」パターンです。

クローバーの葉のグラス

脳内マップ

アプローチ

特徴を伸ばす

特徴を考える

乾杯って「複数のグラスがひとつに集まるイメージ」がある

もっとこうなればいいのに！

乾杯がもっと楽しくなるといいのに

アウトプット

形を見立てる

見立てる！

乾杯の形って「葉っぱがひとつに集まるクローバー」に似ている

アイデア！

クローバーの葉っぱ型のグラスはいいかも

コロナ禍で長いあいだオンラインでしか開催できなかった飲み会が、感染が落ち着いた頃、やっとリアルで開催できるようになりました。

そこで、リアルでの飲み会が楽しくなるアイデアを考えてみようと思って生まれたのが、このアイデアです。

そこで、まずは「リアル飲み会」の「物理的な特徴」を考えることからはじめました。

「オンラインになくて、リアル飲み会だけにあるのって、〝乾杯〟だよね」

そう考え、「乾杯」をより楽しくすることを方向性としたため、**アプローチ方法は「特徴を伸ばす」**になります。

「乾杯って、複数のグラスが一ヶ所に集まることだよね」

特徴をさらに深掘りして、「複数のグラスが集まる乾杯」という動作が、さらに楽しく、嬉しいことになるアイデアを目指そうと考えました。

そこで、「複数のものが集まっている様子」と似たモチーフを探したところ、**「複数の葉っぱがひとつに集まるクローバーと似ているかも」**と、思いつきました。

¥11

こうして、クローバーと乾杯の様子を見立てて、乾杯するとクローバーになるグラス「祝杯」が生まれました。

最後に、アイデアの説得力を上げるために付加価値を考えます。

「クローバーって幸福の象徴だから、リアルで会える幸せをより感じられそう」

「会話に花が咲くという意味で、乾杯すると花が咲く〝花びらのコップ〟も考えられそう」

「乾杯の瞬間が映えるから、より写真に収めることが楽しくなるかも」

「クローバー→幸福→リアルで会える幸福度を高める」というように、**見た目が似ているだけでなく、モチーフが持っている印象が製品の魅力を高める付加価値になると、アイデアの説得力が高まります。**

見立てるモチーフを考えるときに、おすすめしたいポイントです。

可愛くて失くしたくない

マンタのロッカーキー

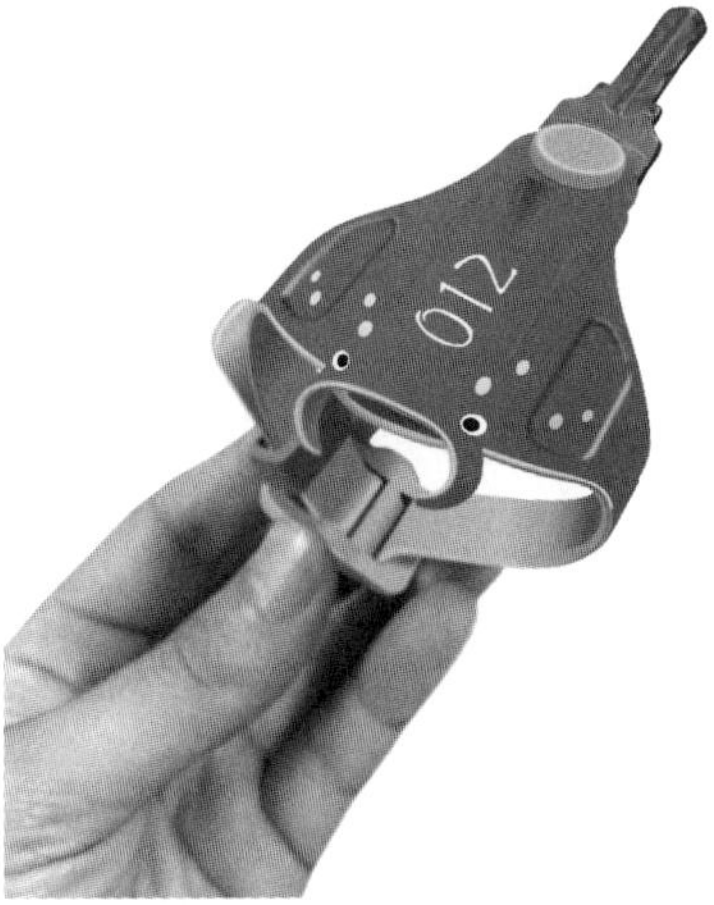

脳内マップ

アプローチ

特徴を伸ばす

特徴を考える

ロッカーキーって「翼を広げて羽ばたいているような形」に見える

もっとこうなればいいのに！

翼を広げる生き物になっていたら可愛いのでは？

アウトプット

形を見立てる

見立てる！

ロッカーキーってヒレが大きい「マンタ」の形に似ているかも

アイデア！

マンタの形をしたロッカーキーは可愛いかもしれない

¥11

フィットネスジムのロッカールームで、ロッカーキーを見ていたときのことでした。

ロッカーキーの不思議な形に注目し、「もっとこの形を生かした可愛いデザインはないだろうか？」と考えたことが、このアイデアのきっかけです。

ロッカーキーのアップデートを考えているので、**アプローチ方法は「特徴を伸ばす」になります。**

まず、「ロッカーキー」の物理的な特徴を考えることからはじめました。

そこで浮かんだのが、「ロッカーキーの形って、なにかが翼を広げて泳いでいる姿と似ている」という点です。

そこで次は、この特徴が当てはまるほかのモチーフを考えてみます。

「翼といっても、鳥の羽のような形とはちょっと違うな……」

「これって、マンタが海の中を優雅に泳いでいる様子と似ているかも」

こうして、「マンタに見立てたロッカーキー」のアイデアが生まれました。

しかし、これだけだとただ可愛いだけのアイテムになってしまいます。

そこで、付加価値も忘れずに考えます。

「手首につけると、マンタがしがみついているように見えて愛着が湧く」

「愛着が湧くと手放さなくなるので、紛失防止にも役立つ」

また、「水族館で使う鍵」と場所を限定することで、マンタに見立てたことの説得力をより高めることができると考えました。


ここでみなさんに、「見立てるモチーフ」を見つけやすくするコツを紹介します。

それは、**ハンガーやストローのように「形状がシンプル」な製品ほど、見立てるモチーフを見つけやすいということです。**

四角い、丸い、長いという基本的な形状は、この世に溢れています。

見立てるモチーフの候補がたくさんあるので、最初のうちはシンプルな形の製品を取り上げて見立ててみることをおすすめします。

¥11

「見立てる」発想法のパターン②
「機能」を見立てる

「機能」を見立てると「見た目」で使い方がわかる

次は「機能」を見立てる方法です。

これもワンビジュアルで伝わりやすいアイデアが生まれる方法です。

誰もが使い方を知っているものに見立てることで、**「これも、アレと同じような機能があるのかな?」と、瞬時に想像できるのです。**

先ほどもお伝えしたように、「機能を見立てる」方法は、わかりやすく相手に伝えるときの「たとえ」と同じ構造です。

「宝くじに当たる確率って、雷に打たれる確率と同じらしいよ」

「ＰＣのメモリって作業机みたいなもので、一度に広げられるデータ量には限界があるってことなんだよね」

「ストレージって、データを収納する引き出しと同じイメージだよ」

このように「機能」を見立てることで、本質がわかりやすく伝わります。

見た目で機能がわかりづらい製品のアイデアを考える際に、とくにおすすめの方法です。

挟むのが楽しくなる

セーブポイント栞

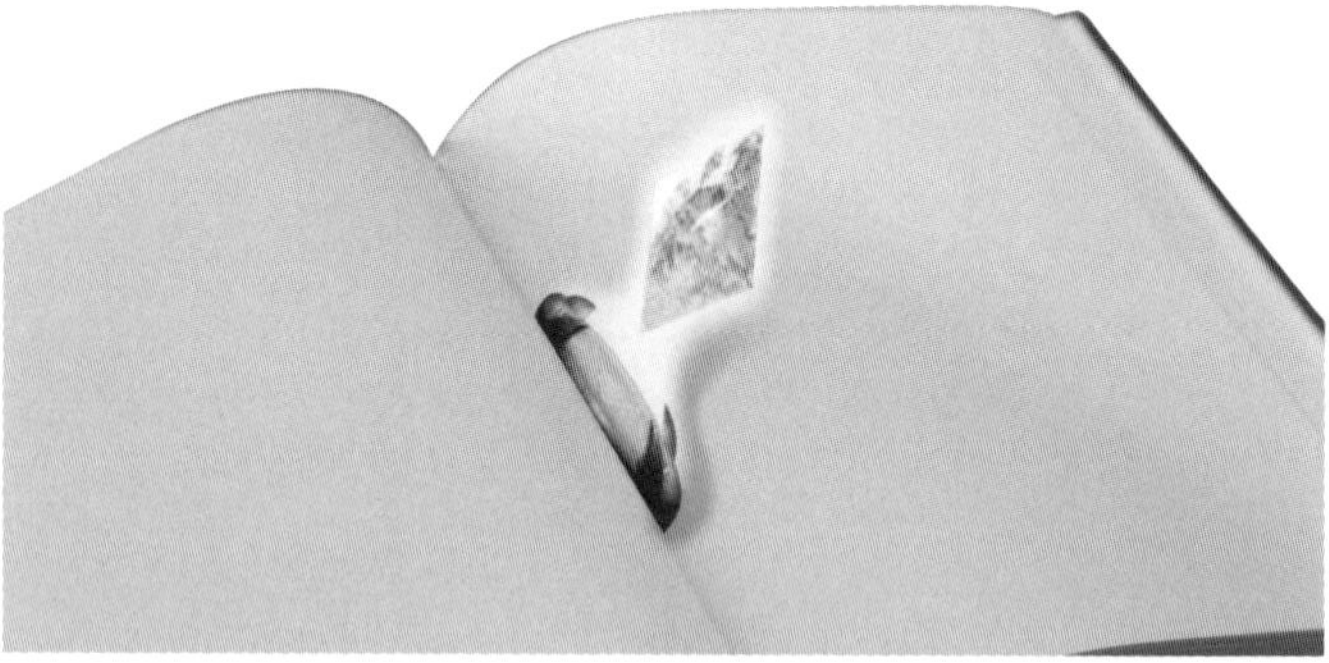

脳内マップ

アプローチ

特徴を伸ばす

特徴を考える

本の栞って「途中までを記録するアイテム」だよね

もっとこうなればいいのに！

本に挟むことが、もっと楽しくなったらいいのに

アウトプット

機能を見立てる

見立てる！

記録する機能って、「物語を記録するセーブポイント」と似てる

アイデア！

「セーブポイントに見立てた栞」なら機能も伝わるし、栞を挟む行為が楽しくなるかも

とある小説を読んでいたときのことでした。

本に挟まれている1枚の栞を見て、「栞の形はなぜ四角いものが多いのか？」「四角い必要はあるのか？」と思ったのです。

そこで、既存の栞をもっと可愛く、もっと映えるものを考えようと思ったことが、このアイデアのきっかけです。

ここで用いたアプローチは「特徴を伸ばす」です。

栞の「途中までを記録するアイテム」という特徴に注目し、それをより魅力的にできるアイデアはないかと、考えました。

そこで、同じように「記録する」という機能が当てはまるものを考えたところ、RPGなどで登場する「セーブポイント」と同じだということに気が付きました。

RPGでは、セーブポイントにたどり着くことで、そこまでの記録を保存できます。

私と同年代くらいの人であればピンとくると思いますが、とある名作RPGでは、セーブポイントがクリスタルのような形をしているのです。

この見た目が「途中までを記録するもの」と連想させるので、ひと目で機能に気付いてもらえると考えました。

こうして、「セーブポイント栞」というアイデアが誕生しました。

そして、さらに付加価値を考えます。

「セーブポイント」の見た目であることで、「栞を挟む＝セーブする」という印象に変換できるので、**物語を読み進めることが楽しくなる栞にもなります。**

このように、機能を見立てたアイデアは「見た目」で機能が伝わるだけでなく、ユーザーの心をワクワクさせる効果も得られるのです。

切れ目がわかりやすい

テープの栞ひも

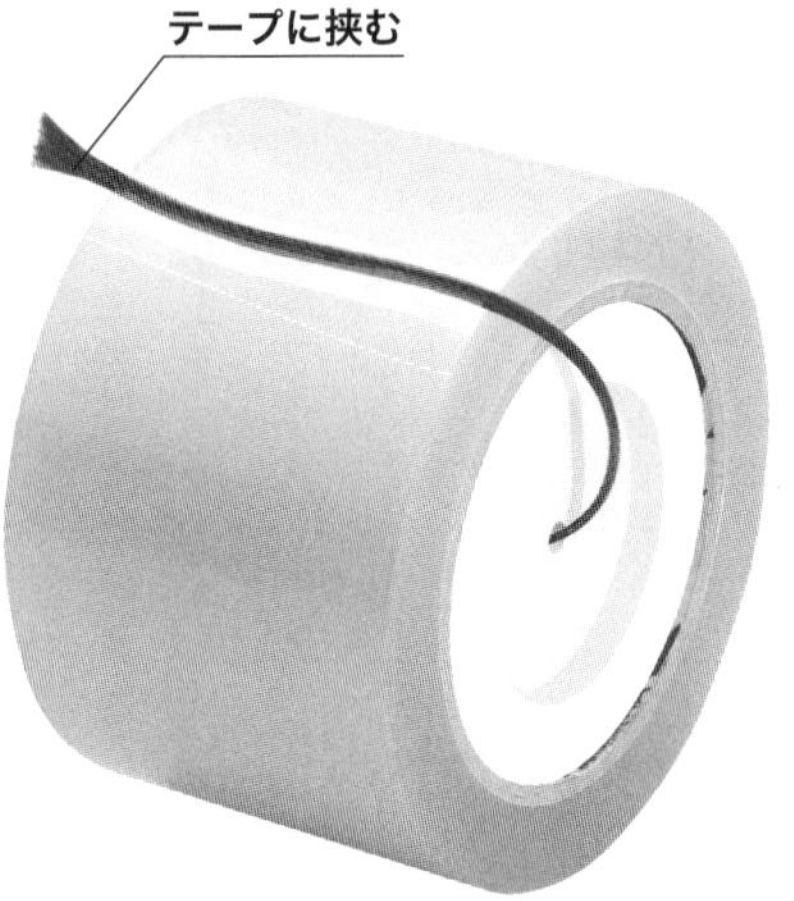

脳内マップ

アプローチ

課題を解決する

課題を考える

透明の梱包テープって切れ目がわからないし、剥がしにくい

解決策を考える

切れ目がわかって、剥がしやすいテープを目指そう

アウトプット

機能を見立てる

見立てる！

「切れ目がわかって、めくりやすい」という機能は、栞も同じだ

アイデア！

テープにも栞をつければ、切れ目もわかるし剥がしやすくできる

¥11

ホームセンターで買い物しているときに、ふと「ここに並んでいる商品で、みんなが感じている課題を解決するアイデアを考えてみよう」と思ったことがきっかけでした（「そんなことあるか？」と思われるかもですが、きっとあなたも本書を読み終わる頃には、同じ「アイデア脳」になっているはずです笑）。

目に入った商品の課題を解決するアイデアを考えるので、**アプローチは「課題を解決する」になります。**

ふらふらお店の中を歩いていると、テープ売り場にあった「梱包用の透明テープ」が目に入ったので、これを題材にアイデアを考えてみました。

まず、透明テープの使いづらい点（課題）を考えます。

ここでは「**テープの切れ目がわからない**」「**めくるのが大変**」といった課題を思いつきました。

そして次に、この課題を解決するアイデアを考えます。

ここではシンプルに、「切れ目がわかって、簡単にめくれるテープ」というアイデアが見つかれば、解決になります。

そこで、**「切れ目がわかって、簡単にめくれる」機能をもつなにかを見立てられないかと考え、見つけたのが本に挟む「栞ひも」です。**

どこまで読んだかがひと目でわかり、引っ張れば目的のページが一発で開かれる。

まさに、今回のアイデアに必要な機能を持ったアイテムでした。

今回の場合、厳密には「見立てる」のではなく、栞ひもを「そのままテープに活用しよう」と考え、「しおり紐つきテープ」のアイデアが生まれました。

日常的になじみのある「栞ひも」をそのまま使うので、切れ目の位置に挟むという「機能」が直感的に理解できます。

ひもを引っ張ってめくる「使い方」まで想像させることも可能です。

そしてなにより、このアイデアの強みは、**開発コストがほとんどかからないためコストパフォーマンスがとてもいい点です。**

少しの工夫で実現できる再現性の高さも、このアイデアの価値と言えます。

こういった付加価値もあり、いいアイデアだと感じました。

¥11

宿題袋

脳内マップ

アプローチ

課題を解決する

課題を考える

宿題はやりたくならない

解決策を考える

自分からやりたくなる宿題

アウトプット

機能を見立てる

見立てる！

「自分にとって必要なもの」という点では、薬と同じだ

アイデア！

「お薬袋」のような「宿題袋」を作れば、取り組みたくなるかも！

「宿題をやりたくない」「勉強したくない」

誰もが子供の頃に経験したことであり、共感する課題のひとつと言えます。

この課題を解決し、なんとか勉強に対する子供のやる気を上げられないものか。

そう考えたことが、アイデアを考えるきっかけになりました。

したがって、**ここで用いたアプローチは「課題を解決する」になります。**


まず、課題に対しての解決を考えます。

「宿題をやらない」という課題の解決策は、「やらなきゃ！」と思わせることです。

そこで、**「〇〇やらなきゃ」と同じ感情にさせてくれる「機能」を持つものを探してみようと考えました。**

そこで連想されたのが「お薬飲まなきゃ！」という状況でした。

なぜ宿題は忘れるのに、薬は「飲まなきゃ！」と思えるのか。

考えた結果、薬が入れられている「お薬袋」が、「薬を飲まなきゃ！」という気持ちをつくる機能を持っているのではないかと感じました。

そこで、お薬袋が持つその機能を見立てて、やらなければいけない宿題が入った

¥11

「宿題袋」というアイデアが生まれました。

より使命感を煽るために**「先生から手渡す」というシチュエーションも付加価値として考えました。**

これは、薬を飲むもうひとつの理由として、病院から手渡される緊張感が薬を飲むことの使命感を高めていると推測したためです。

「先生から生徒に手渡す処方箋」。これを「宿題袋」のコンセプトに決めました。

そしてさらなる付加価値として、お薬袋に「食前・食後」「1日3回」と記載されているように、宿題袋にも「国語・算数」「1日60分」などと記載することで、より義務感を高められるとも考えました。

このように**「機能」を見立てると、その機能がはたらく「シチュエーション」までイメージでき、次々とアイデアが膨らんでいきます。**

シチュエーションをうまく再現できれば、その状況が人に与える印象をそのまま活用することができるのです。

タスク管理が楽しくなる

指折り付箋

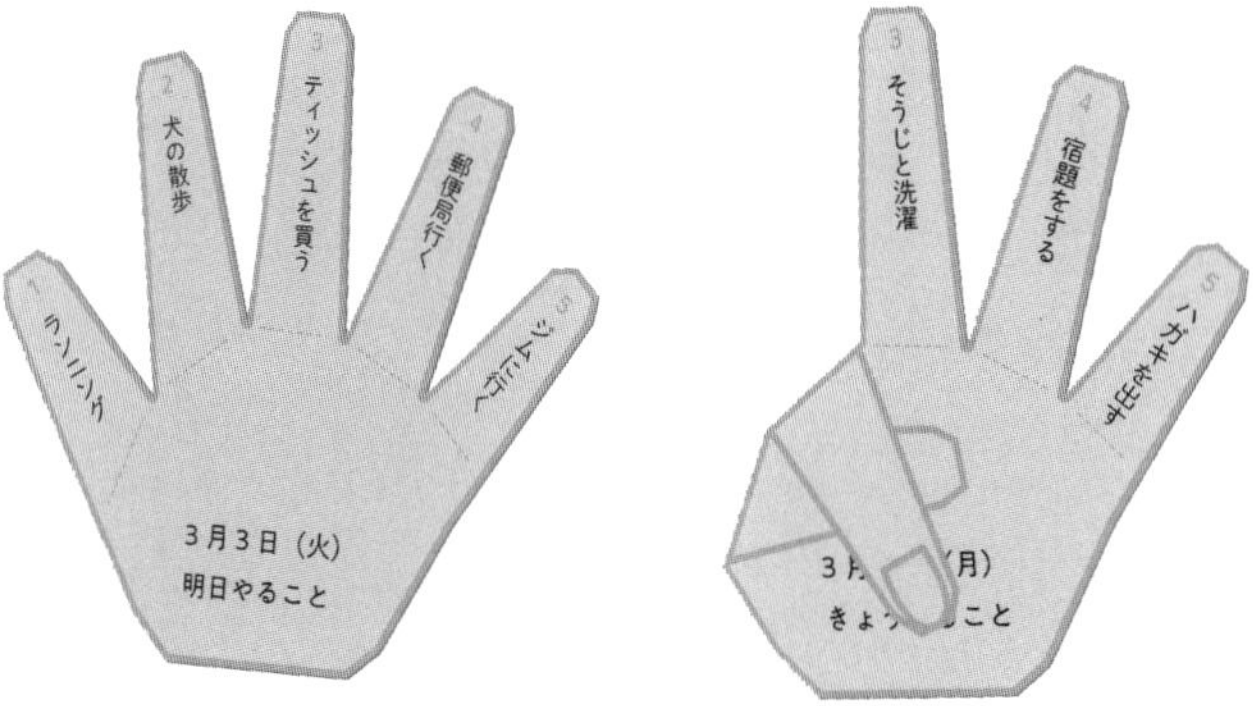

脳内マップ

アプローチ

特徴を伸ばす

特徴を考える

付箋は「やるべきこと」を整理するときにも使う

もっとこうなればいいのに！

タスク整理がもっと楽しくなるといいのに

◀

アウトプット

機能を見立てる

見立てる！

「やることを確認する」のって、手で数えるのも同じだ

アイデア！

指を折ってやることを管理できる付箋があれば、タスク管理も楽しくなるかも！

¥11

大量のタスクを抱えた人が、それを整理するために使うものとして多いのが、「付箋」だと思います。

私もよく、やることを書いた付箋をデスクに貼り、完了したら剥がすという使い方をしていました。

そこで、この「タスクを整理する」という「特徴」を、さらに伸ばすアイデアを考えることができないか。

そう思ったことが、このアイデアのきっかけです。

したがって、**ここで用いたアプローチは「特徴を伸ばす」です。**

「タスクを整理する」という特徴がもっと楽しく、達成感を得られるものにするために、付箋と同じ機能を持つものに見立てられないか考えました。

すると、答えは近くにありました。

それは、**自分の「手」です。**

タスクを整理するときにかぎらず、脳内で散らばったものを確認するとき、「指を折ってひとつずつ数える」という動作をしますよね。

つまり手は、「付箋にタスクを書いて、完了したら剥がす」と同じ、「やることを整理する」という機能を持っていると考えられます。

そこで、2つの機能を見立てて、やるべきタスクを「指を折って」管理できる「手形の付箋」というアイデアが浮かびました。

アイデアを思いついた後は、その価値を整理します。

付箋を手の形にしたことで、**「ひと目でタスクの状況が把握できる」「管理することが楽しくなる」「終わったものから折っていくという使い方がわかりやすい」**といった複数のメリットが得られると考え、アイデアとして採用しました。

このように、**見立てるアイデアのなかでも「動き」や「機能」を見立てた場合、「使い方」がビジュアルからひと目でわかる**というメリットが得られます。

つまり、見た目が複雑なものや使い方がわからないものは、とくにこの「機能」や「動き」を見立てる手法が有効なのです。

「見立てる」発想法のパターン③
「色」を見立てる

低コストで「意味」を伝えられる

次に見立てるのは、「色」です。

この方法で生まれたアイデアは、製品の形はそのままに、柄や模様を変えるだけで新たな価値をもたせることができます。

印刷加工のみで実現できるので、「コスパがいい」アイデアになります。

また、製品の形状をそのままいかして、現状のデザインよりも「可愛さや、親しみを感じさせる」こともできます。

いちばん手っ取り早く、新たな価値を生み出せる方法と言えるかもしれません。

色の種類は無数にありますが、日常で使われている色は、それほど多様ではないでしょう。

赤、青、黄色など、まずはその製品が固有にもつ「色」に着目して、同じ色をしたモチーフを探してみましょう。

その際は、**その色の印象が強いものを探すと、よりアイデアの意図が伝わりやすくなります。**

「赤いピーマンもあるよね」ではなく、「ポストといえば赤だよね」と、誰もが納得できるモチーフを探してみましょう。

また、単色や固有の色ではなく、「派手な色」「暗い色」「〇〇っぽい色」という視点で、見立てるモチーフを探すのも効果的です。

「そう言えば、似ているな」と、より驚きが強い組み合わせが見つかるでしょう。

¥11

汚れても気にならない

パンクヘアー絵筆

脳内マップ

アウトプット

色を見立てる

見立てる！
「染まるほどにかっこよくなる」って、パンクヘアーと同じだ

アイデア！
「パンクヘアー」のような「筆」なら、汚れに見えないかも！

アプローチ

課題を解決する

課題を考える
筆は使うほどに色がついて汚れていく

解決策を考える
色がつくことをプラスに思えたらいいかも

使うほどに汚れてしまう絵の具筆の毛先を見て、「どうにかできないか?」と思ったことが、アイデアを考えるきっかけでした。

そこで、毛先が「汚れていく」ではなく「鮮やかに変化していく」という見せ方ができれば、「マイナスをプラスに変える」アイデアが生まれると考えたのです。

つまりアイデアのアプローチとしては、**「課題を解決する」**になります。

まずは、絵筆の特徴である「毛先が染まっていく」現象と似たモチーフを考えてみたところ、「髪の毛が染まっていく」現象に近いと考えました。

そしてただ染まるだけではつまらないので、「髪を染める」ことがプラスになるモチーフをさらに考えてみました。

そこで思いついたのが、**染めるほどキマっていく「パンクヘアー」というモチーフです。**

使うほどに筆の毛先についていく「色」を、「パンクヘアーの色」に見立てたことで、このアイデアが生まれました。

くわえて、筆がよりパンクヘアーに見えるように、「ヘビメタメイク」のデザインも施しました。

このアイデアの価値としては、ただ見た目がパンクになって可愛くなるだけでなく、使うたびにむしろ鮮やかに変化していく印象になることです。それにより使っていて、とても楽しい気持ちになります。

汚れることに抵抗を感じなくなるので、使用時のストレスも減り、大きなメリットがあると考え、アイデアとして採用しました。

「見立てる」発想法のパターン④
「動き」を見立てる

使うときに「楽しい」アイデアが生まれる

最後に紹介するのは、「動き」を見立てる方法です。「使い方」や「UX（ユーザー・エクスペリエンス）」が似ている別のモチーフを見つけ、それがもつ動きと置き換えるという意味です。

見ただけで使い方がわかるだけでなく、**見た人が使いたくなるといった使用欲求を高めることができます。**

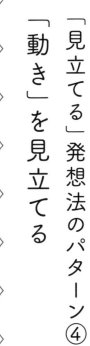

また、製品を使った時の満足度を高めることもできるので、長く使い続けてもらうためにも有効な工夫です。

以前、「急須の形をしたペットボトル」というアイデアを考えたことがあります。これは、ペットボトルからコップに注ぐ動作と、お茶を注ぐという「動き」を見立てたアイデアです。

ペットボトルで注ぐ動作を「急須で注ぐ動き」に見立てることで、ペットボトルのお茶にも風情を感じさせ、美味しそうに思ってもらえる効果を狙いました。

このように「**動き**」**を見立てたアイデアは、プロダクトを使うときにワクワクして楽しい気持ちにさせるところが大きなメリットです。**

捨てたガムが汚くない

餃子の皮の包み紙

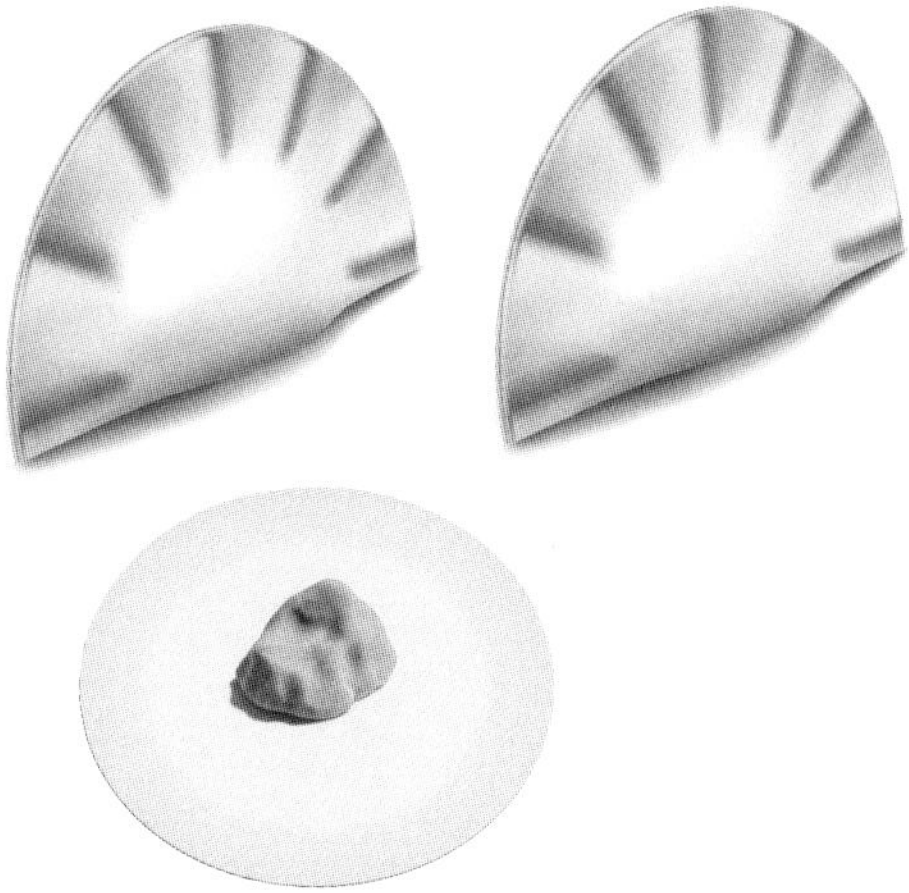

脳内マップ

アウトプット

動きを見立てる

見立てる！

「包む」行為って、餃子と同じだ

アイデア！

「餃子になるガムの包み紙」があれば、包むのが楽しくなり、置いてあっても可愛いかも！

アプローチ

課題を解決する

課題を考える

包んだガムがテーブルの上にあるのって汚い

解決策を考える

見た目が可愛ければテーブルの上にあっても不快にならないのに

¥11

私は本業でデザインの仕事をしていて、パソコンを使って集中して作業をするときは、よくガムを噛んでいます。

何時間も集中していると、気がつけば机の上がガムのゴミだらけになっていることもしばしば。

そんな、机の上にたまった「ガムの包み紙」を見て、「机の上に置いてあっても汚くないガムの包み紙ってないかな？」と思ったことが、このアイデアのきっかけでした。

これは、「見た目に汚い」という課題を解決するアイデアなので、**「課題を解決する」アプローチになります。**

ここで着目したのは、食べ終わったあとのガムを「包む」という動きです。

ほかにも「包む」という動きをするものがないか考えたところ、「餃子」を思いつきました。

餃子を包む感覚でガムを包むことができれば、ガムを包む行為が楽しくなり、包まれたガムも可愛くなるのでは。

むしろ机の上に置いてあることで、可愛いと思ってもらえると考えたのです。

さらには、ガムを包みたいがために、食べる回数も増えるかもしれません
実現すれば、**ガムをつくっている企業側にも大きなメリットがあります。**

「動き」を見立てることでガムを包む行為を楽しませ、「形」を見立てることで見た目を可愛くする。

「動き」と「形」の2つを見立てたアイデアでした。

ガムを食べている本人から、包まれたガムを見る他人、ガムを生産する企業まで、みんなが幸せになる付加価値をもったアイデアだと感じ、採用しました。

貼るのが楽しくなる

御札の湿布

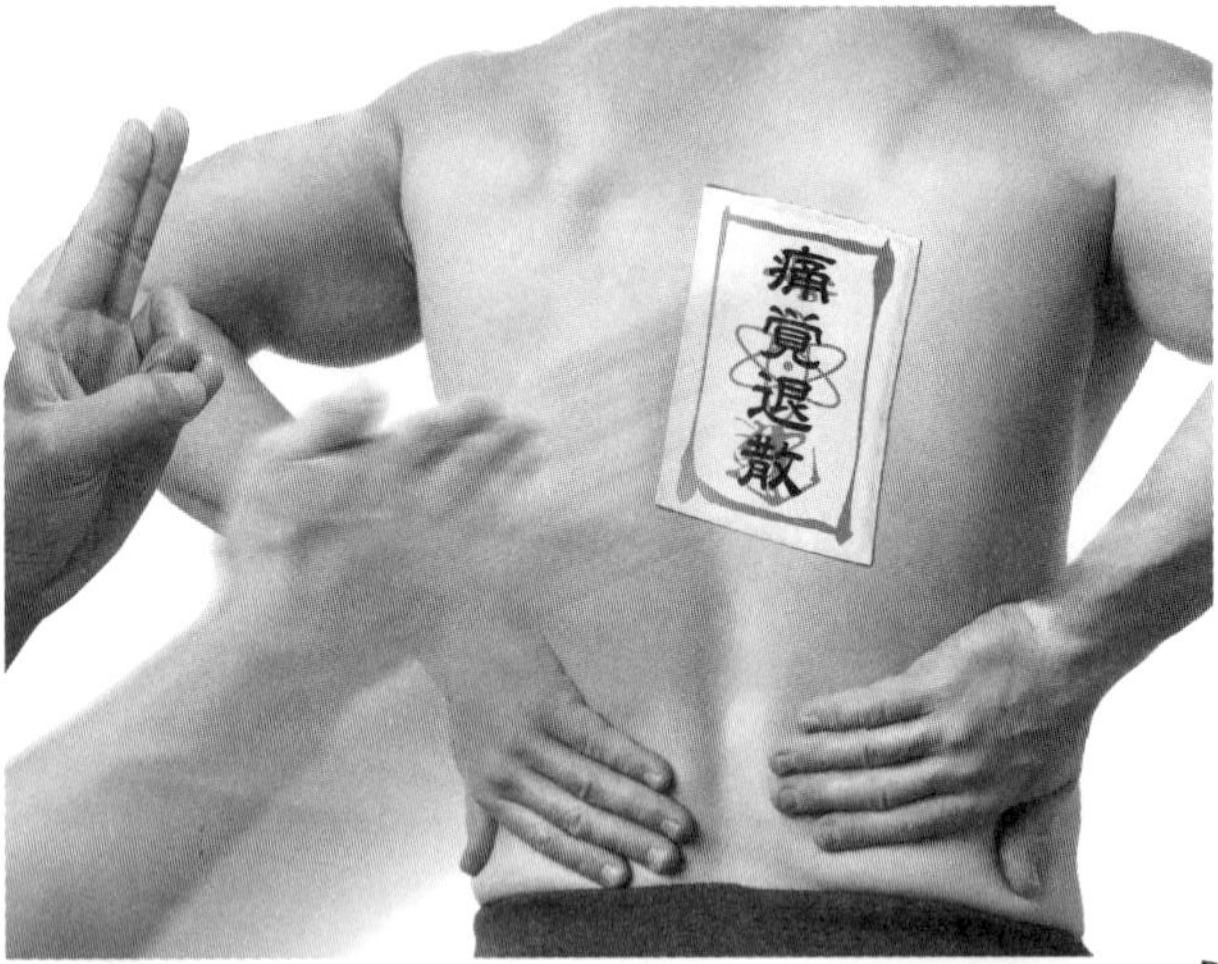

脳内マップ

アプローチ

特徴を伸ばす

特徴を考える

湿布は、「白くて四角いもの」を手で貼るもの

もっとこうなればいいのに！

この動きをもっと楽しいものにできないか

アウトプット

動きを見立てる

見立てる！

湿布を貼るのって、「御札を貼る」のと似ている

アイデア！

「御札に見立てた湿布」なら、湿布を貼る行為が楽しくなるかも

ジムのロッカーで、おじいちゃんが着替えをしている様子を見ていたときのことでした。

そのおじいちゃんの背中に貼られている湿布を見たとき、思ったのです。

「なんで湿布は真っ白なデザインなのか？」

「もっとデザインできるのではないか？」

この疑問から生まれたのが、「御札に見立てた湿布」です。

湿布の「手で貼る」という特徴に注目し、その行動がもっと楽しくなるアイデアを考えてみようと決めました。

既存の湿布をもっとよくしようという考えからはじまったので、**「特徴を伸ばす」アプローチで考えたアイデアになります。**

そこでまずは、湿布と同じように「四角いものを手で貼る」という動作と似たものを考えてみました。

そして浮かんだのが、「御札」です。

御札も湿布と同じように手を使って貼りますし、サイズ感も同じくらいです。

これをそのまま合体させたら、親しみを持たれるアイテムになるのではないか。

そう思い、さっそく御札のデザインを湿布に施してみたところ、思ったとおり、面白くて可愛い仕様になりました。


ですが、インパクトを持たせるにはもうひと工夫が必要だなと思いました。

そこで、コンセプトの後付けです。

御札はおもに「悪霊を封印するために貼る」ものです。

それに見立てた湿布なので、勢いよく貼ることで、「痛みを封印する」ような気持ちにもなれるというコンセプトを設定しようと考えました。

こうして、湿布を貼る動作を御札を貼る動作に見立てた、「貼ることが楽しくなる湿布」が完成しました。


このように「動き」を見立てることで、「動きの再現性」だけでなく、**その動作を体験したユーザーの「気持ち」まで再現できる**のが、「動き」を見立てる発想法の特徴とも言えます。

第4章

最強の発想法②「ちょっと変える」発想法

¥11

ちょっと変化させるだけでも「大きな価値」は生まれる

製品の特徴をちょっとだけ変える

もうひとつ、最強のアイデア発想法をご紹介します。

それは、**既存の製品を「ちょっと変えて」アイデアを生み出す手法です。**

日常を便利にしたり、課題を解決したりするアイデアは、発明といったものではなく、意外にも「ちょっとの工夫」で生まれていることが多かったりします。

人間が五感で感じる「形」「色」「香り」「素材」などを少し変えることで、「課題を解決する」、あるいは「特徴をさらに伸ばす」。

これが、ちょっと変える発想法です。
この手法によって生み出したアイデアをいくつかご紹介しましょう。

ちょっと変えた事例「四角いガムテープ」

当たり前に使っているガムテープですが、「これ、なんで丸いんだろう？」と思ったことはありませんか？

ガムテープの形を変えるだけで、なにかよくなることがあるのではないか？
こう思ったことがアイデアを考えたきっかけになりました。
そこで考えてみようと思ったのが、「ガムテープの課題を解決するアイデア」です。

ガムテープはみんなが使うアイテムなので、使いづらい課題を解決すれば、みんなに「共感」と「驚き」を与えられるのではないかと考えました。

¥11

形をちょっと変えた「四角いガムテープ」

課題

転がってどこかへいってしまう

▼

解決策

転がらないようにする

▼

「ちょっと変える」発想法

形を「四角」に変えれば転がらない

どこかに
転がっていかない
**四角い
ガムテープ**

プラスアルファの価値

❶ 均等な長さで切ることができる
❷ お店に並べるときに陳列しやすい

そして、まさにこの「四角いガムテープ」は、それを達成できたアイデアだと思います。

形を「丸」から「四角」に変えただけで、「転がってしまう問題」を解消し、「均等な長さで切れる」や「陳列しやすい」といった付加価値が生まれました。

ちょっと変えた事例「フリクション判子」

私もそうですが、自分の名前をうまく書けないと悩んでいる人は結構多いと思います。

そして、それは自分のせいだと諦めている人も多いのではないでしょうか？

でも、私は諦めませんでした。

ちょっとの工夫で「自分の名前をきれいに書く方法」があるのではないかと、思ったのです。

そこで、名前をうまく書けないという「日常の課題を解決する」というアプロー

機能をちょっと変えた「フリクション判子」

課題

名前がきれいに書けない

▼

解決策

きれいに書かれた文字をなぞれば書けるかも

▼

「ちょっと変える」発想法

判子の機能をちょっと変えて「消せる」ようにしよう

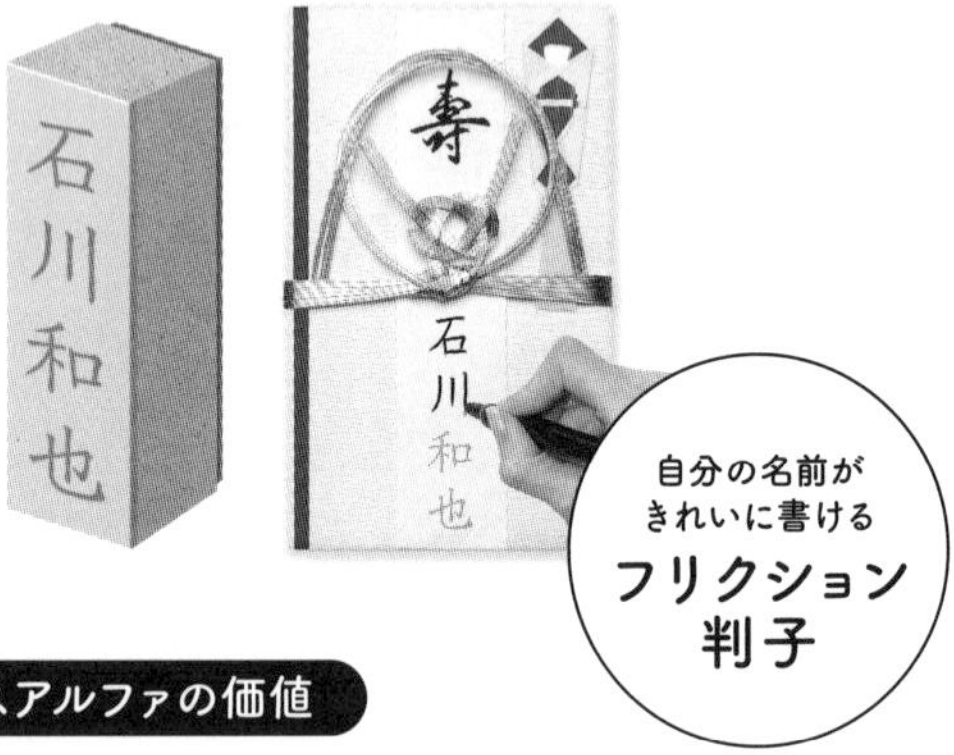

プラスアルファの価値

❶ 文字がきれいだと、相手にいい印象を与えられる

チで、アイデアを考えてみました。

そして生まれたのが「フリクション判子」です。**判子のインクを消せるようにすることで、上からペンでなぞるだけで確実に名前をきれいに書くことができます。**

ご祝儀袋などの失敗できない場面で活用いただけるでしょう。

「ちょっと変える」発想では、「どの部分を変えたのか」によって生まれるアイデアもまったく異なってきます。

たとえば鉛筆のアイデアを考える際に、「形を変えたアイデアなのか？」「色を変えたアイデアなのか？」「素材を変えたアイデアなのか？」によって、同じ「鉛筆」という対象でもまったく違うアイデアが生まれます。

つまり、**変える部分のバリエーションの幅をもっていると、ひとつの製品に対して複数のアイデアを生み出せるようになるのです。**

¥11

「2つのアプローチ」×「ちょっと変える」発想法

私が頭の中で実践している「ちょっと変える」発想法の手順を紹介します。

「見立てる」発想法と同様に、アイデアのアプローチの仕方によって、発想法の流れも変わってくるため、アプローチ方法ごとにご説明します。

まず、「課題を解決する」アプローチで思いついたアイデアの種を、「ちょっと変える」発想法で実現させていく場合の手順の紹介です。

①製品または日常の「課題」を考える

②「解決策」を考える

③製品の一部を「ちょっと変えて」解決する

先ほど紹介した「四角いガムテープ」も、転がってしまうという課題を「形」を変えることで解決したため、この手順で考えたアイデアになります。
みんなが感じている課題を少しの工夫で解決するアイデアなので、あまり時間をかけずにアイデアを考えられる利点があります。

次に、「特徴を伸ばす」アプローチで思いついたアイデアの種を、「ちょっと変える」発想法で実現させていく場合の手順の紹介です。

①製品の「特徴」を考える
②「もっとこうなればいいのに」を考える
③製品を「ちょっと変えて」より良くする

「掛け時計」しかなかった時代に誕生した「腕時計」も、この手順で考えられたアイデアのひとつと言えるでしょう。時計の持つ「時間がわかる」という特徴に着目し、「どこにいても時間がわかればいいのにな」と考えたことで、「腕に付けられる」というアイデアが生まれたのだと思います。

世の中には「ちょっと変えて」生まれた価値がたくさんある

実際、みなさんの周りにもたくさんの「ちょっとだけ変えて、よりよくしている製品」が存在します。

料理を盛り付ける「食器」や、食べるときに使う「カトラリー」も、その代表的な製品のひとつです。

お皿をちょっと変えて仕切りをつければプレートになり、大きくすればどんぶりになる。サイズをちょっと変えて小さくすればおかず用の小鉢になるし、もっと小さくすればお酒用のおちょこになります。

世の中で使われている製品のほとんどは、既存の製品を「ちょっと変えて生み出されているもの」だったりするのです。

この「ちょっと変える」発想法は、私自身もアイデアを生み出すときの根幹にしている考え方なので、ぜひみなさんにも習得していただきたい方法です。

誰もが「やられた！」となる驚きのあるアイデアが生まれる

実現性の高いアイデアが生まれやすい

「ちょっと変える」発想法を推すのは、たくさんのメリットが存在するからです。
具体的には、この手法には4つのメリットがあります。

ひとつめのメリットは、**「実現性の高いアイデアが生まれやすい」**という点です。
「形」「色」「素材」といった、既存製品の「一部」を変えて生み出すアイデアなので、従来製品の応用で作ることができます。

¥11

開発コストも抑えられ、実現する際のコストパフォーマンスもよくなります。アイデアの「実現性が高いこと」は評価されるうえでも大きなポイントになるので、アイデアを考える際の大きなメリットとなります。

短時間でアイデアが生まれやすい

2つめのメリットは、**「アイデアを短時間で生み出せる」**という点です。既存の製品を少し変えるだけなので、ひとつのアイデアが生まれるまでに30分もかからないケースがほとんどです。

ときには製品を取り上げて「とりあえず形を変えてみる」「いったん素材を変えてみる」など、**「ちょっと変える」を先に試してみると、アイデアが一瞬で生まれることも多々あります。**

そこまで深く考えなくてもアイデアが生まれるため、慣れてくると1日にいくつものアイデアが生まれるということもあります。

コスパのいいアイデアが生まれやすい

3つめのメリットは、**「小さな工夫で大きな効果を生むアイデアが生まれやすい」**という点です。

前提として、アイデアは工夫の量より効果の大きさが上回れば、コスパのいいアイデアとして評価されます。

そんなアイデアを生み出すために最適なのが「ちょっと変える」発想法なのです。

なぜならこの発想法で考える「小さな工夫」とはつまり、「誰でもできる、ほんの些細なこと」だからです。

そのため「そんな小さな工夫で⁉」という印象から、「これ、なんでいままで誰も思いつかなかったんだろう？」という反応に変わり、評価されるのです。

まさに「ありそうでなかったアイデア」となり、「驚き」を与えます。

¥11

そして人は「共感」よりも「驚き」が強いアイデアに対して強い印象を持ちます。**「驚き」が「印象」をつくり、「印象」が「評価」につながるのです。**

このように「ちょっと変える」発想法は、見た人に「共感」や「驚き」を与えるアイデアが生まれやすい手法なのです。

「期待」を超えて「やられた！」と思ってもらえる

最後のメリットは、**見た人に「やられた！」と思わせられる点です。**

「相手の期待を超える」ことは評価されるうえで大きなポイントになります。

それは、相手が期待しているさらに上を目指すことではなく、**想定していないところでアイデアを生み出すということです。**

アイデアを評価する人が感じていた「この辺のアイデアを考える人が多いだろう」という予想自体を裏切るのです。

相手が予想していないところでアイデアを生み出す方法として「ちょっと変える」発想法はとても有効です。

第2章でもお伝えしたように、多くの人は、人と違うアイデアを生み出そうとして、既存の製品やサービスの姿から遠くへ離れていこうとします。

一方で**「ちょっと変える」発想法は、足元を掘ったところにいいアイデアを見つける方法であるため、「やられた！　そんなところに答えがあったか！」という印象を与えられます。**

ときには、「自分が思いつきたかった」「思いつけなかったことが悔しい」といった感情を起こさせることも可能なのです。

そこまでいくと、相手を自分のアイデアの虜にさせることに成功したと言えるでしょう。

ちょっと変える発想法のパターン①
「形」をちょっと変える

見た目で「メリット」が伝わる

これからは、私が「ちょっと変える」発想法で生み出したアイデアたちを、「考えたポイント」ごとに紹介し、その発想の過程をお伝えしていきます。

ひとつめに紹介するのは「形」を変える手法です。

「形」を変えることの最大のメリットは、変化がわかりやすいということです。

たとえば先ほど紹介した「四角いガムテープ」なら、「ふつうは丸いガムテープが、四角い」という違いに、誰もが一瞬で気がつきます。

また、そこから「そうか、四角いから転がらないのか！」と、アイデアの意図やメリットもスムーズに理解してもらえます。

このようにワンビジュアルでメリットが伝わるため、見た人の興味を瞬時に惹ける強みがあります。

「変化と、それによって生まれた価値」に気がつくまでのスピードが速いので、競合商品が多い市場などではとても強いアイデアになります。

見た目のインパクトがあるため、**説明がなくても伝播しやすく、SNSで話題になりやすいのも特徴です。**

「ちょっと変える」発想法のなかでも、「形」を変える方法は比較的ハードルが低いので、最初に考える手法としておすすめです。

まずはここから、ぜひ試してみてください。

¥11

キラキラ画びょう

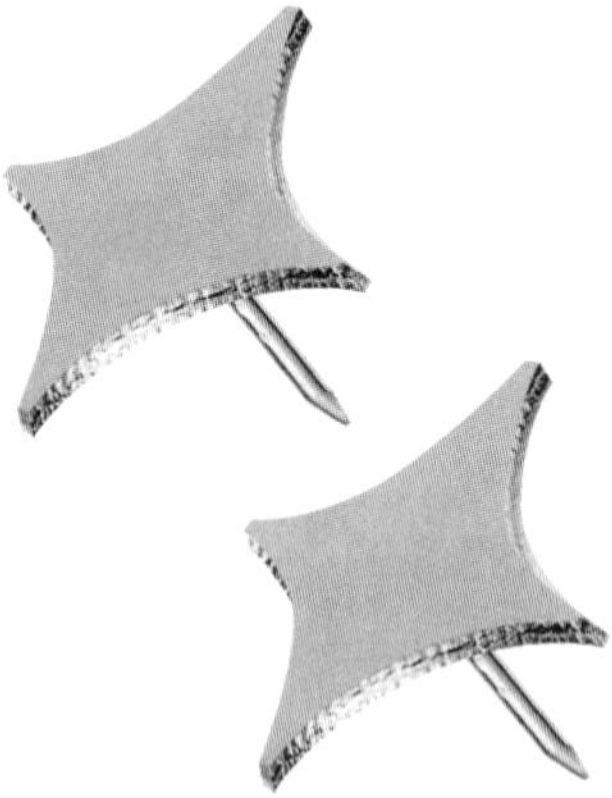

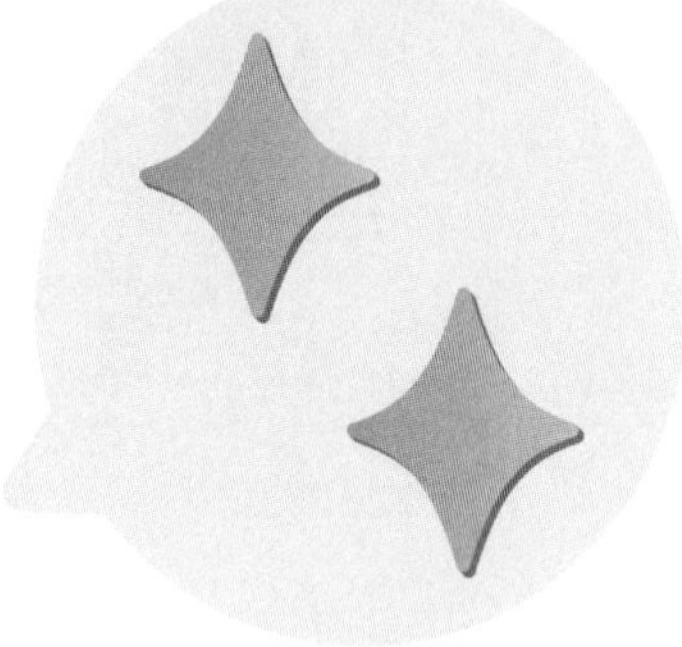

脳内マップ

アプローチ

特徴を伸ばす

特徴を考える

画びょうって四隅にあって、キラキラしている

もっとこうなればいいのに！

掲示物が「もっとキラキラする」と素敵なのでは

アウトプット

形をちょっと変える

ちょっと変える！

画びょうの形を「丸」から「星の輝きの形」に変えてみる

アイデア！

キラキラして掲示物が輝いて見える「星形の画びょう」

「掲示物を固定する際に画びょうを使うけど、少しダサく見えてしまうよな……」

画びょうを見てそう思い、もっと便利に、もっと可愛くしたいと思ったことが、アイデアのきっかけでした。


そのためのとっかかりとして、まず画びょうの「使われ方」を考えたところ、「掲示物の四隅に付けられている」という特徴が見えてきました。

また、金色でキラキラ輝いているものが多いのも特徴です。

これらの特徴をもっと伸ばすことができれば、「掲示物をもっと輝かせることができるのではないか」と考えました。

そのため**アプローチは「特徴を伸ばす」になります。**


そこで、「ちょっと変える」発想です。

「輝く＝キラキラ＝星」と連想し、「形」を星のようにちょっとだけ変えた「星型の画びょう」を考えました。

画びょうを星型に変えることで、画びょう自体も可愛くなり、掲示物もキラキラ

¥11

輝いて見えるようになります。

そこから、アイデアの説得力をさらに高めるための付加価値も考えてみます。するとと、**掲示物を輝かせることで掲示物の内容により目を向けてもらいやすくなる効果も期待できる**と考えられました。

「形」を変えた少しの「工夫」によって、複数の「効果」が期待できるとわかったため、アイデアとして採用しました。

世界にたったひとつの

手書き印鑑

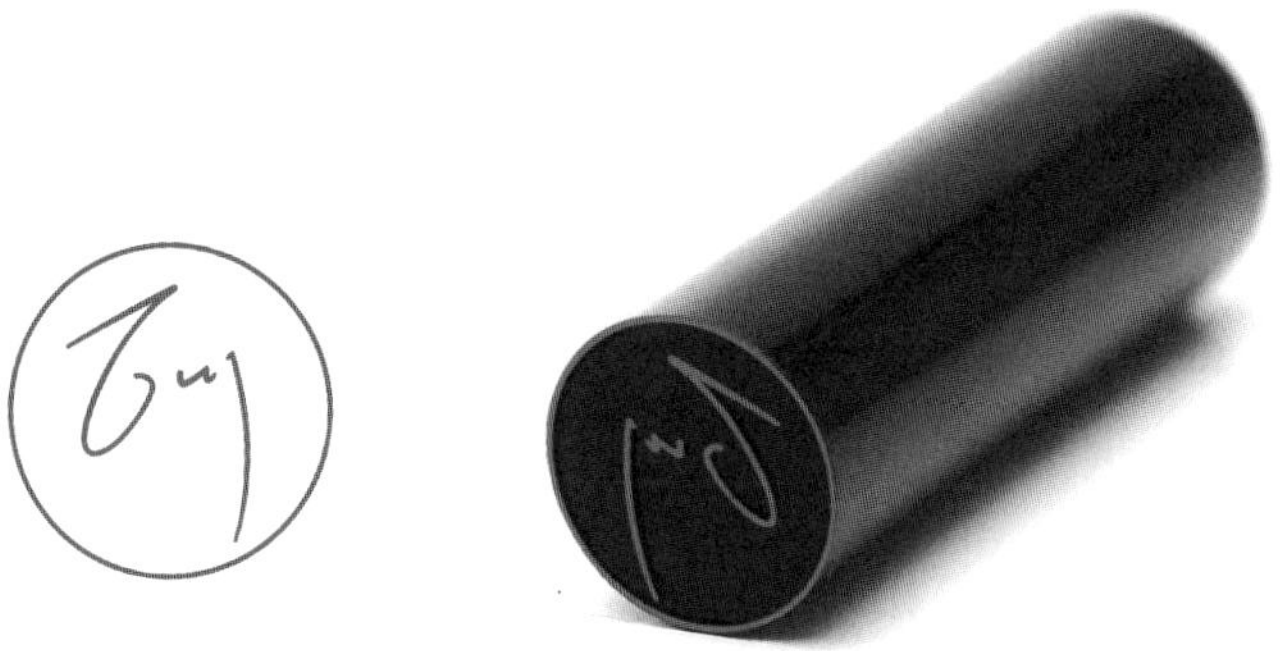

脳内マップ

アプローチ

課題を解決する

課題を考える

同じ苗字の人は「印鑑」の個別化ができない

解決策を考える

同じ苗字の人でも「世界にひとつだけの印鑑」を持つことができる

アウトプット

形をちょっと変える

ちょっと変える！

文字の形を「手書き」に変えてみる

アイデア！

世界にひとつしかない自分だけの印鑑「手書き印鑑」

¥11

日本にはたくさんの佐藤さんや鈴木さんがいて、1人ひとり違った人間なのに、みんな同じ印鑑を使っているのはなんかおかしい。

しかも、いまは100円ショップで印鑑が買える時代。印鑑は本当の意味でその人を証明しているのか？

こう疑問を持ち、**「その人を証明する新しい印鑑を考えてみよう」**と思ったことが、アイデアを考えるきっかけでした。

そのため**アプローチは「課題を解決する」**です。

まず、課題として感じた「印鑑の個別化ができていない」という問題に対する解決策を考えます。

ここでは「同じ苗字でも、みんなが世界にひとつの印鑑を持てる」ことだと考えました。

これを実現できるアイデアを、「ちょっと変える」発想法で考えてみます。

そもそも、なぜこの問題が起きてしまうのかを考えると、「機械でつくられた文字」だから、そこに差が生まれないのだと気がつきました。

印鑑の「文字の形」をちょっと変えることができれば、解決につながりそうです。

そこで、一人ひとりの個性が反映されている「手書きサイン」を印鑑で採用できないかと考えました。

こうして、**印鑑の文字を「手書き文字」にちょっと変えたアイデア**が生まれました。


手書き文字にすることで、一人ひとりが世界にひとつだけの印鑑を手にすることができます。

そして、自分の手書き文字が印鑑になれば、印鑑に対して愛着が湧くようになり紛失防止にも役立つと考えられます。

漢字文化のない外国人も印鑑を作れるようになるので、グローバル展開も期待できるサービスになると考えました。

このように「少しの工夫」で「多くの効果」が期待できるアイデアだと思ってもらえると、よりアイデアへの評価が高まります。

¥11

ちょっと変える発想法のパターン②
「色・柄」をちょっと変える

「色・柄」を変えるアイデアは低コストで実現できる

次に紹介するのは、「色や柄」をちょっと変える方法です。

この方法で思いつくアイデアの特徴は、もっともコスパがよいということです。

先ほどの「かたち」を変える方法は、場合によっては、製造するための工程や機械を変えたり、新しくしたりする必要があります。

一方で「色や柄」を変えるアイデアは、基本的に印刷加工で実現できます。

既存の製造機器や製品をそのまま使えることが多いため、生産コストを抑えて実現できるのです。

世に溢れているグッズ系の商品に、プリントで作れる「衣服」や「文房具」などが多いのも、コストが抑えられるからといった理由が考えられます。

「低コストで実現できる」ことは、プレゼンにおいてとても重要な要素です。

公募される商品企画コンペなどには、「実現可能なアイデア」という条件を設けているものも多くあります。

そのため、「色や柄を変えるだけで実現できるアイデア」は評価されやすいのです。

評価されるアイデアを手っ取り早く考える手法として、「色や柄をちょっと変える」方法はおすすめです。

書いた感じがひと目でわかる

筆跡えんぴつ

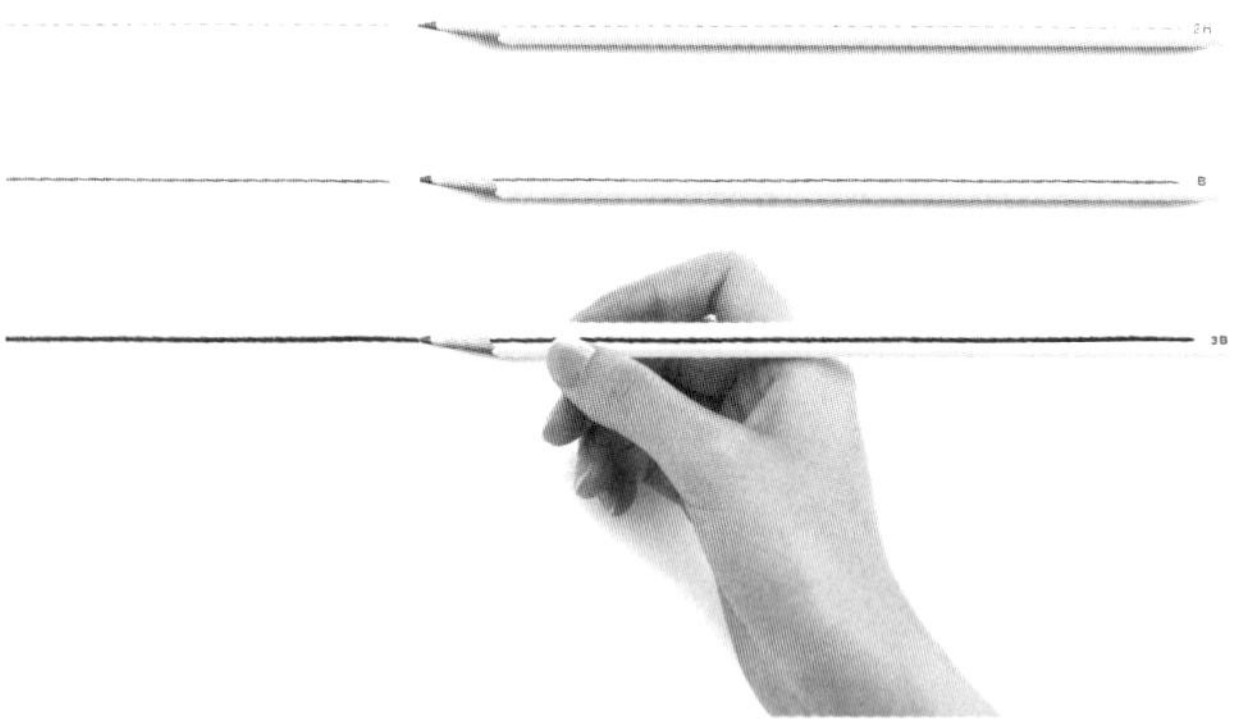

脳内マップ

アプローチ

課題を解決する

課題を考える

えんぴつの「2H・HB・2B」って実際どんな濃さかわからない

解決策を考える

見た目で筆跡がわかれば解決する

アウトプット

柄をちょっと変える

ちょっと変える!

えんぴつの柄を「筆跡」に変えてみる

アイデア!

見ただけで線の濃さがわかる「筆跡えんぴつ」

誰もが使う「えんぴつ」ですが、昔から形も機能も変わらないこの製品に対して、「もっと便利にできないか?」と考えたのがきっかけでした。

えんぴつは誰もが使う文房具なので、そのなかで「ありそうでなかった」アイデアを生み出せれば、大きな「驚き」が生まれるかもしれないと考えたのです。

そこで、「課題を解決する」アプローチで考えてみました。

えんぴつの課題を考えたところ見つかったのが、**「2H・HB・2Bという表記では、えんぴつの濃さがわからない」**というものです。

硬度を表す「表示」について疑問を抱いたのです。

アルファベットの表記だけで、実際の「書いた感じ」が想像できる人は少ないでしょう。

次に、この課題が解決された状態を考えると、「見た目で硬度(濃さ)がわかる」ことになります。

そこで、ちょっと変える発想法です。

えんぴつのなにを変えれば濃さが一目でわかるようになるか。

「形？」「使い方？」「機能？」「名前？」。

えんぴつの素材を分解していろいろと考えた結果、見つけたのが、**柄を「筆跡」に変えるというアイデアです。**


最後に、アイデアの価値がさらに高まるように、そのほかの付加価値も考えてみます。


試し書きができなくても、商品を見るだけで硬度を確認できる。

2B・HBの意味がわからない子供たちにとってわかりやすい。

このような価値が考えられました。


「柄」をちょっと変えただけのアイデアなので、**えんぴつの製造方法や機械などは変えずに、印刷加工のみで実現できます。**

まさに「少しの工夫」で「大きな効果」を実現できたと感じて、アイデアとして採用しました。

優先順位がわかる

メモリつき付箋

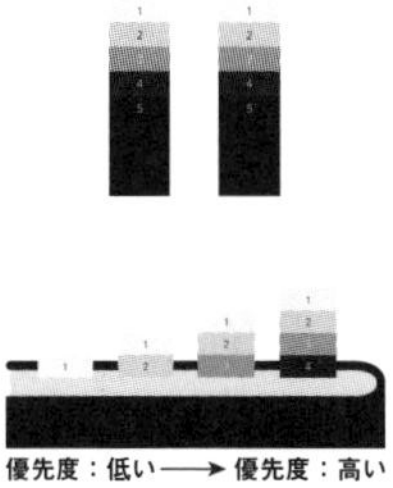

脳内マップ

アプローチ

課題を解決する

課題を考える

たくさん貼られていると、どれから手をつければいいか悩む

解決策を考える

優先順位がわかる

アウトプット

柄をちょっと変える

ちょっと変える！

付箋の柄を「メモリ」に変えてみる

アイデア！

飛び出す長さで優先順位がわかる「メモリつき付箋」

¥11

「どの付箋から手をつけていいかわからない」

「付箋ごとの優先順位がわかれば、勉強がもっと効率化されるのに」

付箋がたくさん貼られている参考書を見て、そんな疑問を抱きました。

これまで当たり前だった付箋に対して「もっと便利になるのでは」と、疑ったのです。

そのため**ここでのアプローチは「課題を解決する」です。**

まず、課題に対する解決策を考えます。

ここではシンプルに「付箋ごとの優先順位がわかる」ことです。

加えてヒントになったのが付箋の「飛び出ている長さがバラバラ」という点です。

そこで「飛び出す長さによって優先順位を可視化できるのでは？」と考えました。


ここで、ちょっと変える発想法です。

付箋の「柄」をちょっと変えて「メモリ」にすれば、「意図的に長さを調節できる付箋」がつくれるのではと考えました。

メモリごとに色の濃度を調整すれば、長く飛び出ている付箋は色が濃く、あまり飛び出ていない付箋は色が薄く見えます。ひと目で、優先度がわかるわけです。

最後に、そのほかの価値も考えてみると、次のようなことも見えてきます。

付箋の貼り方をコントロールできるので、たくさん貼られても汚く見えない。

1種類の付箋で優先順位を可視化できる。

このアイデアの強みは、優先順位が可視化されただけでなく、それを1種類の付箋で成立させているという点です。

このようにして開発コストを抑えられると、より強いアピールになります。

このアイデアの場合、「印刷の工夫」だけで「優先順位を可視化」しようと最初から決めていたので、深掘りに時間をかけられました。

それにより、「メモリをつける」だけでなく「色の濃度を変える」という2つの工夫が生まれたのです。

¥11

自分のものを見失わない

目印つき紙コップ

脳内マップ

アプローチ

課題を解決する

課題を考える

誰がどの紙コップを使っていたかわからなくなる

解決策を考える

誰の紙コップかがひと目でわかる

アウトプット

柄をちょっと変える

ちょっと変える！

紙コップの柄を「目印」に変える

アイデア！

縁についた番号で折れば自分のものがわかる紙コップ

ここで紹介するアイデアは、私が考えたアイデアのなかでもとくに「みんなが共感する課題を、ちょっとの工夫で解決できた」事例です。

パーティーやＢＢＱで**「誰がどの紙コップを使っていたかわからなくなる」**ときってありますよね？

おそらくほとんどの人が感じたことがある不満ではないでしょうか。

この「自分の紙コップがわからない」という課題を解決したいと思ったことが、アイデアのきっかけでした。

解決策としては、「ひと目で自分の紙コップだとわかる」ということになります。

ペンがあれば名前を書けますが、手元にないことがほとんどでしょう。

コップマーカーというグッズもありますが、わざわざ用意するのは面倒です。

そこで**「紙コップ単体で自分のものだと区別できるアイデア」**を考えようと思いました。

ここでのポイントは、紙コップに「目印」の機能を付け足すことです。

「ペンがないとき、自分はどうやって目印をつけているだろう?」と考えたところ、爪で跡をつけたり、ラベルを少し剥がしたりしていました。

これがヒントになり、「紙コップの縁を折ることで目印をつけられるのではないか?」と考えました。これで目印をつける方法は決まりました。

次に、人のものと識別する方法について考えたところ、折る場所の違いで識別できるように、コップの縁に番号を印刷する方法が見つかりました。

こうして、紙コップの柄をちょっと変えた、「**目印がつけられる紙コップ**」のアイデアが生まれました。

紙コップは日本に誕生して約１００年が経ったと言います。

逆に言うと１００年もの間、この課題が解決されてこなかったということです。

そう考えると、すごい発明ができた実感が、私のなかでもありました。

このように「**ちょっと変える**」**発想法は、軽く考えただけで、ときに衝撃的なアイデアが生み出される可能性もある**ことが利点と言えます。

ちょっと変える発想法のパターン③
「素材」をちょっと変える

「エモさ」や「風情」を感じるアイデアが生まれる

世の中には、機能は同じでも、デザインが異なる製品が溢れています。

「カメラ」には何百種類ものデザインがありますし、飲み物に敷く「コースター」も、数えきれないほどの種類が存在します。

そういった製品の多くは、「形」や「色」、そして「素材」で差別化を図っています。

言い換えると、**「素材」が与える印象はとても大きい**ということです。

この「素材」を変える方法が、次に紹介する「ちょっと変える」手法です。

¥11

機能や形はそのままでも、「素材」を変えるだけで新しいアイデアになります。

「視覚情報」だけでなく「触り心地」にも大きく影響すると考えると、物理的な変化がいちばん大きいと言っても過言ではありません。

したがって、ちょっとの工夫で大きな効果を生む手法としてとても有効なのです。


また、**「素材」を変えたアイデアは「エモさ」や「風情」が生まれやすくなります。**

それは、素材が持つ「味」「印象」「ストーリー」「暖かさ」などを、そのまま価値として製品にこめることができるためです。

その結果、感情にも作用できる製品が生まれるのです。

大切にして失くさなくなる

思い出印鑑

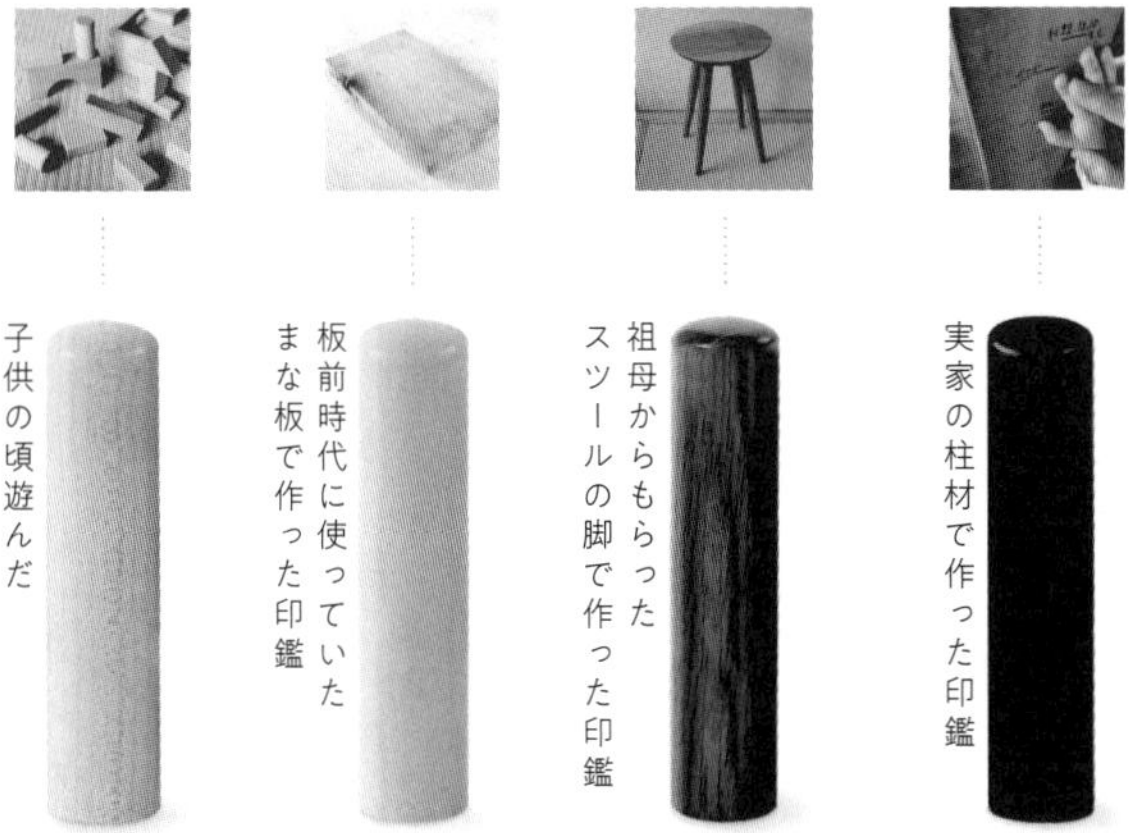

子供の頃遊んだ積み木で作った印鑑

板前時代に使っていたまな板で作った印鑑

祖母からもらったスツールの脚で作った印鑑

実家の柱材で作った印鑑

脳内マップ

アプローチ

課題を解決する

［課題を考える］
印鑑は失くすことが多い

［解決策を考える］
大切に扱うようになれば失くさないのでは

◀

アウトプット

素材をちょっと変える

［ちょっと変える！］
印鑑の「素材」を、思い出が詰まっている木材に変える

［アイデア！］
思いがこもって絶対に失くさない「思い出印鑑」

どの家庭にもひとつは置いてある「印鑑」ですが、使う機会が少ないので「**すぐどこかにいってしまう**」という問題、ありますよね？

そこで「印鑑を失くさないようにするにはどうすればいいか」と考えたことが、このアイデアのきっかけでした。

つまりここでも、「**課題を解決する**」**アプローチで考えた**ということになります。

まず、どうすれば印鑑をもっと大切に扱うようになるのか、解決策を考えます。

もっと印鑑に愛着や親しみが湧くようになれば、大切に扱う気持ちが強くなるのでは。そう考え、その可能性を探るアイデアを考えました。

そこで着目したのが、印鑑の「素材」です。

印鑑の素材を自分の「大切なもの」に変えれば、もっと大切にするのではないか。

そう考えて生まれたのが、「大切なものを印鑑にする」というアイデアです。

アイデアをひらめいたら、そのほかの価値も整理しましょう。

じつはこのアイデアは、ここにポイントがあります。

それは、「印鑑を大切にするようになる」ということに加えて、**「捨てられなかった大切なものをリサイクルできる」という大きな価値があるという点**です。

おもちゃや椅子などの「大切なものが捨てられない」問題はよく耳にします。

そのため、この印鑑のアイデアが浮かんだとき、「思い出のリサイクル」というコンセプトがつけられるとひらめいたのです。

第2章でお伝えした「コンセプトは後付けでいい」ということです。

それによってこのアイデアは、大切なものをなくしてしまう問題と、大切なものが捨てられないという**2つの問題を同時に解決できるもの**になりました。

本来、印鑑は自分を証明するツールです。

だからこそ、「過去の大切な思い出を印鑑に変える」というストーリーは、とても納得できるものだと考えました。

「素材」をちょっと変えただけのアイデアなので、制作コストも抑えられます。

このように「素材」を変えるアイデアは、ときにストーリーを感じさせ、エモさや趣があり、共感につながることが多いのが特徴です。

人に見つからない

小石の小物いれ

脳内マップ

アプローチ

特徴を伸ばす

特徴を考える

小物いれには、人に見つかりたくないものを入れがち

もっとこうなればいいのに！

人に見つかりづらい小物いれ

アウトプット

素材をちょっと変える

ちょっと変える！

小物いれの素材を「石」に変える

アイデア！

小石に擬態して人に見つからない小物いれ

ここでは、小物いれをテーマに着目し、より進化させるアイデアを考えました。

「特徴を伸ばす」アプローチを用いて考えてみると、小物が収納できるほか、**「見つかりたくないものを隠しておく場所」**という面白い面が発見できました。

この特徴をさらに伸ばして、「隠したい小物が、さらに見つかりにくくなる小物いれ」を考えようと決めました。

見た人が「小物いれだ」と認識できてしまうと、「中にはなにか入っているのだろう」と連想してしまいます。

それであれば、そもそも小物いれを発見させないための工夫が必要なのではないかと考えました。

それを、小物いれのなにかの要素を変えることで実現できないか考えたところ思いついたのが、「素材」を変えて周りの環境に擬態させるという発想です。

見つかると困るものとして「鍵」を連想したため、**「庭の小石に擬態させた、鍵が入る小物いれ」**というコンセプトを後付けしました。

「木を隠すなら森の中」ならぬ、「石を隠すなら庭の中」です。

¥11

擬態。これは素材を変えることで得られる大きなメリットのひとつです。

お気づきの方もいるかもですが、**「擬態」はつまり「見立てる」発想です。**

「素材を石に変える」ことは同時に「石に見立てた」ということでもあります。

つまりこのアイデアは、「ちょっと変える」発想と「見立てる」発想を実践したハイブリッド型のアイデアなのです。


最後に、このアイデアのさらなる付加価値を整理します。

石に擬態しているので、人目を気にせずわかりやすい位置に置いておける。

石なので、風で飛ばされる心配もない。

このように、素材が「石」になるだけで様々なメリットが考えられます。

「石の小物いれって面白いよね！」と説明されてもその価値は伝わりにくいでしょう。

価値を整理しておくことで、自信を持ってアイデアを説明できますし、説得力も上がるのです。

ちょっと変える発想法のパターン④
「位置」をちょっと変える

「そんなことで!?」と驚くアイデアになる

ちょっと変える発想法でも、とくに強い驚きを与えることができるのが、「位置」を変えるという工夫です。

製品の一部を「ずらしたり」「場所を変えたり」する方法です。

ほんの少しの変化なので、製品の見た目にはほとんど変化はありません。

ぱっと見で変化がわかりづらいというデメリットはあるものの、だからこそ、い

¥11

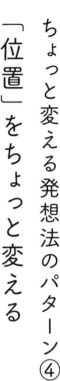

ざ使ってみて効果が実感できたときの驚きが大きくなります。

たとえば、よくある「寝心地を追求した枕」も、凹凸の位置を調整することで寝心地が悪いという課題を解決しています。

見た目はただの枕なので、従来製品との変化には気づきにくいですが、使ってみると実感が湧くので、**効果を実感したときに大きな衝撃を受けます。**

このように「位置」を変える方法は、効果を実感したときに与える驚きの量が大きくなるのが特徴です。

その衝撃が鮮明な記憶となって印象に残りやすいことが、メリットと言えます。

書く向きを間違えない

向きのない付箋

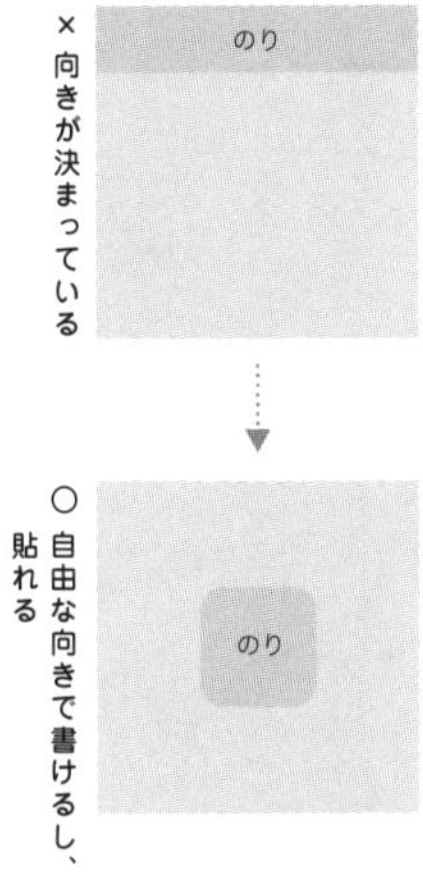

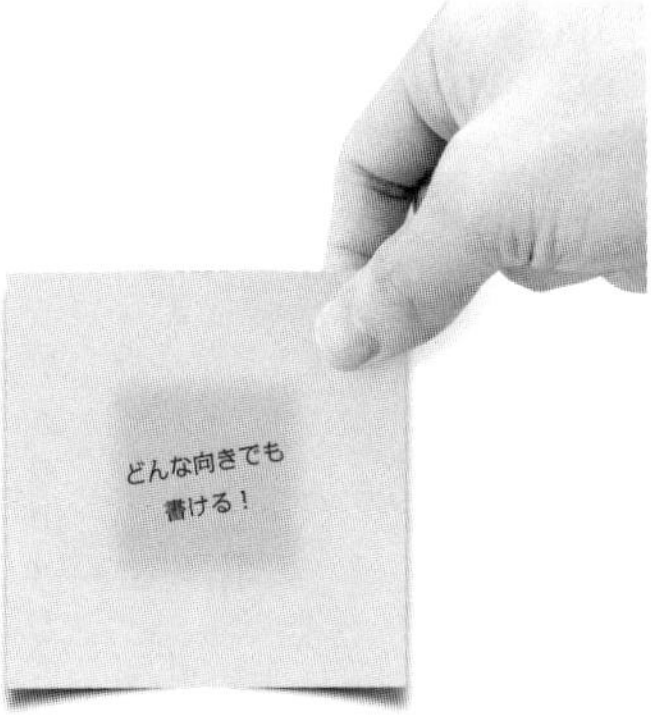

脳内マップ

アプローチ

課題を解決する

課題を考える

上下がわかりづらく、反対に書いてしまうことがある

解決策を考える

上下を間違えない

◀

アウトプット

位置をちょっと変える

ちょっと変える！

付箋の糊の位置を「真ん中」に変えてみる

アイデア！

向きを気にせず書ける付箋

¥11

製品やサービスの「課題」を考えてアイデアを生み出そうとしても、なかなか良い案が浮かばないこともあります。

「この製品に課題なんてない」と、諦めてしまいがちです。

でも、この世に「完璧な製品」なんて存在しません。

「当たり前」を疑ってみると、ヒントが見えてきたりします。

ここで紹介するアイデアも、**「付箋の糊は、なぜ端についているのか?」と、当たり前を疑ったことがきっかけでした。**

付箋の糊が端についていることは、もはや当たり前のことであり、おそらくほとんどの人は「糊の位置」に違和感を覚えることなんてないと思います。

しかし私は、ここに違和感を抱くと同時に、誰も着目しないであろう点に気づけた確信もあったため、この可能性を追求するアイデアを考えようと決めました。

当たり前に受け入れていることを疑うと、これまで気づいていなかった課題が見えてきます。糊の位置が端にあることで起こる問題を考えたところ、「逆向きに書いてしまう」という問題が浮き彫りになりました。

つまりこの問題は、「方向という概念をなくす」ことができれば解決できます。

そこで思いついたのが、糊の「位置」を「真ん中」に変えた付箋です。**糊を真ん中にすることで「向き」の概念がなくなり、どの向きでも書ける自由度の高い付箋になります。**

ほかにも、付箋を使う時にクルンと反り返らない、どの向きからでも付箋を剥がせるといったメリットもありそうです。

このように、付箋の糊の位置をちょっと変えるだけで、書くときだけでなく、剥がすときやそのほかのシーンでも恩恵を受けられることがわかります。

世の中には、**「不便なことが当たり前になっている」**ことが多々あります。

その状態は、まるでアイデアがいくらでも湧いてくる油田みたいなものです。

アイデアが見つかる鉱脈探しのコツとして、「不便なことが当たり前になっている事例」を探してみるのはおすすめです。

まっすぐ切れる

溝がついた定規

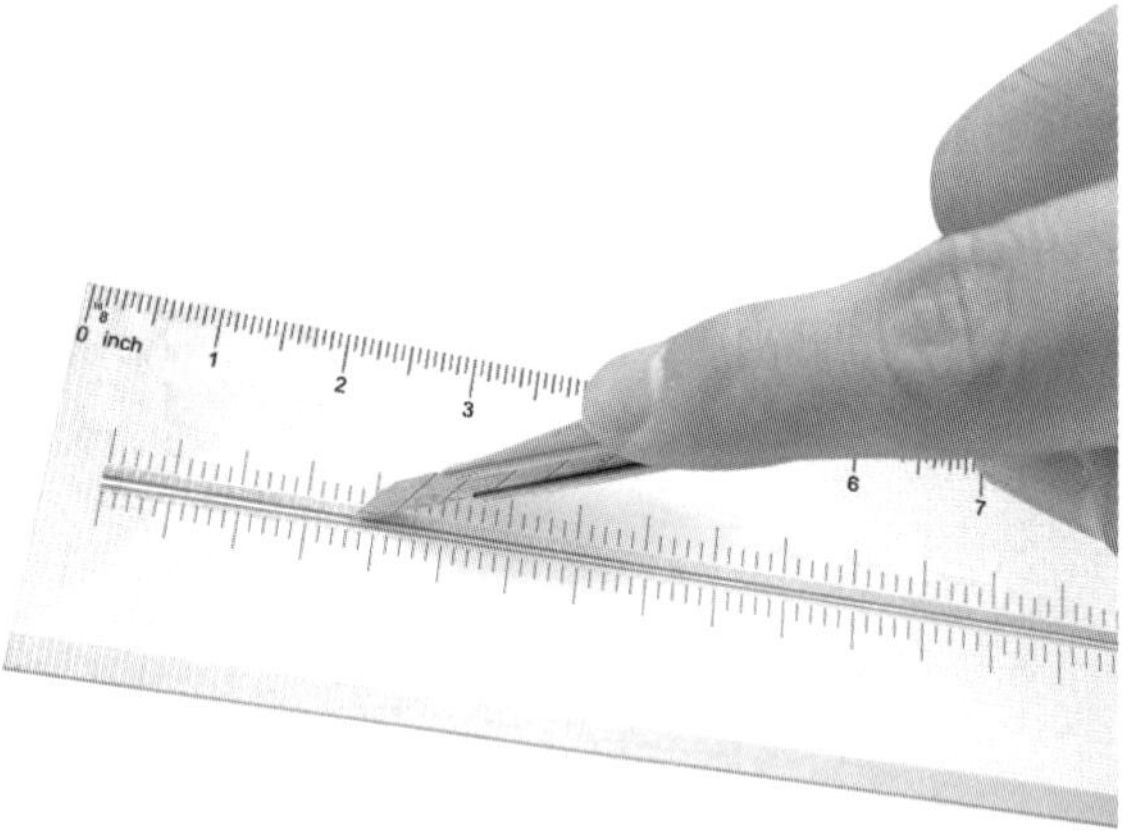

脳内マップ

アプローチ

特徴を伸ばす

特徴を考える

カッターやペンを使うときに支えにしがち

もっとこうなればいいのに！

横にずれずに切ったり線を引いたりできるといいのに

アウトプット

位置をちょっと変える

ちょっと変える！

定規に沿って切る位置を「真ん中」に変えてみる

アイデア！

溝に沿って使うとまっすぐ切れる（書ける）定規

「特徴を伸ばす」アプローチで考える際、**「作り手側が意図している特徴」だけで考えてしまうのは、少しもったいない**と言えます。

それを感じたのが、この定規のアイデアです。

定規は基本的に長さを測るための道具ですが、もうひとつ、「支えにする」という使い方もされがちです。

線を引くとき、カッターで切るとき、定規を支えにすることありますよね？

この特徴をさらに伸ばすことができないかと考えたのが、きっかけでした。

混乱してしまうかもと思い、ここまでには書いていなかったのですが、じつは**「特徴を伸ばす」ための手段として、「課題を解決する」手法もありえます。**

たとえば定規なら、支えにして線を引いたりカッターを使ったりする際、途中で横にずれてイラッとすること、誰もが経験したことがあると思います。

この問題を解決できるアイデアが見つかれば、それはつまり「支えにする」という定規の特徴をさらに伸ばせたことにもなります。

¥11

手順としては、まずどうなれば問題が解決された状態になるのかを考えます。

ここでの解決策は「まっすぐ切れる（書ける）」ということです。

ずれてしまうのは、カッターやペンを片側からしか支えていないからです。

つまり、両端から支えることができれば、この問題は解決されると考えました。

そこで生まれたのが「定規の真ん中に溝を設ける」というアイデアです。

支えとして使う「位置」を、「端」から「真ん中」にちょっと変えたのです。


このアイデアから学べたことは２つあります。

ひとつは、**作り手ではなくユーザーから見た「特徴」を伸ばすこと。**

その視点がなければ「まっすぐ切る（書く）ときに支えにする」という点は見えなかったかもしれません。

もうひとつは、「**課題を解決することで、特徴を伸ばせる**」ということです。

この定規と、先ほどの「向きのない付箋」は、どちらもＳＮＳでの反響がとくに大きかったアイデアです。「位置」を変えるアイデアは、相手の意表を突く方法として有効なのかもしれません。

ちょっと変える発想法のパターン⑤
「機能」をちょっと変える

「一石二鳥」なアイデアが生まれる

目に見えない要素を変える手法、次は「機能を変える」です。

とはいえ機能が変わってしまうと、製品が別物になってしまいます。

そのため**ここで言う「機能を変える」とは「機能を付け足す」という意味です。**

ひとつの機能しか持たない製品に別の機能を追加することで、より便利になるだけでなく、幅広い層に愛用してもらえるようにもなるのです。

iＰｈｏｎｅが世界中で愛されるのも、「電話」「カメラ」「ＰＣ」「財布」など、

¥11

そこに様々な機能が含まれているからでしょう。

また、機能を増やすことで製品を使う機会が増えることもメリットと言えます。たとえばレシートなら、「買い物の証明」という機能のほかに、「ガムの包み紙」という機能を足せば、買い物以外のシーンでも使う機会をつくることができます。

このように、**製品の使用機会を増やすためのアプローチとして「機能」をちょっとだけ変えることはとても有効です。**

さらには、ひとつの製品が2つの役割を果たせるようになることも、メリットのひとつです。

たとえばお尻に消しゴムがついている鉛筆は、「書く」と「消す」の作業がひとつのアイテムで完結します。

それひとつで一連の作業を完結できるアイデアは、**ユーザーの周りから物を減らすことにもつながるため、スリム化、効率化という面でも好まれるのです。**

すべての年代の人に愛される

カスタマイズできる傘

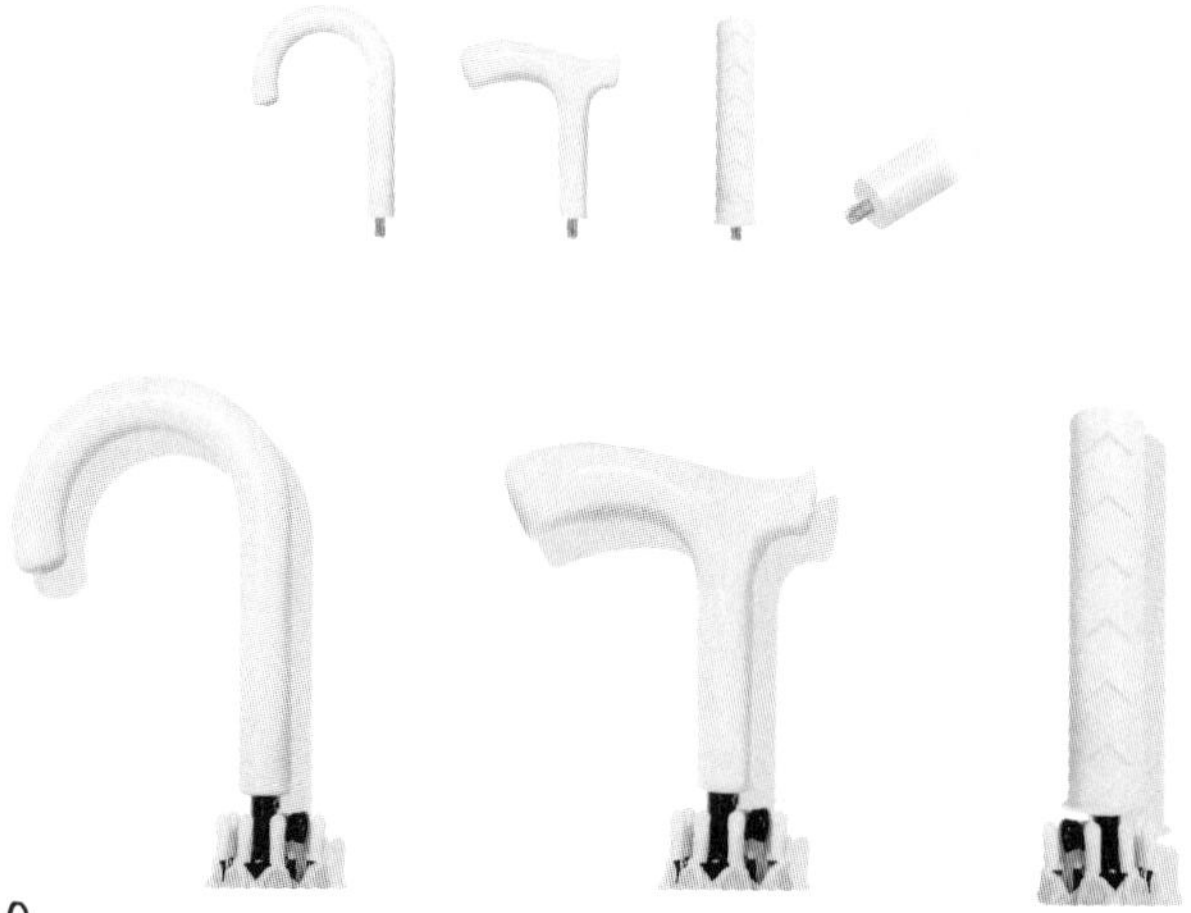

脳内マップ

アウトプット

機能をちょっと変える

【ちょっと変える！】

雨をしのぐという「機能」を「杖」や「剣」に変えてみる

【アイデア！】

取っ手を挿し替えることで杖や剣になる傘

◀

アプローチ

特徴を伸ばす

【特徴を考える】

傘はいかなる性別、年代の人も使う

【もっとこうなればいいのに！】

誰もがもっと使いやすくなるといい

¥11

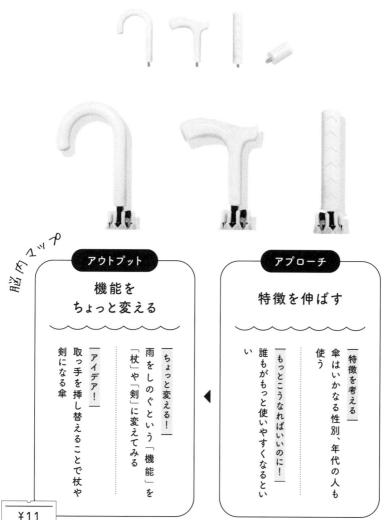

ここでは、「傘」の新しいアイデアを見つけようとして、「特徴を伸ばす」アプローチで考えてみました。

傘の特徴といえば「雨をしのぐ」ことですが、この特徴を伸ばす方法は、あらゆるメーカーが必死になって考えています。

そこで私は、別の特徴を探ってみることにしました。

すると見えてきたのが、**「誰もが使うもの」**という特徴です。

もっと使用者にカスタマイズできたら、この特徴を伸ばせると考えました。

よくあるのが、「好みの色や形にカスタマイズできる傘」というアイデアです。

でも、もっと深掘りしていると見えてきたのが、**「人によって使い方も異なるのでは？」という仮説です。**

この考えに至ったのは、ある日、傘を使ってチャンバラをしている子供たちを見かけたためです。子供たちにとっては、傘には「剣」という使い方もあったのです。

また、お年寄りにとって、傘はときに「杖」にも変わります。

「使い方」に着目する際、実際のユーザーを観察することは、とても重要な気づき

を与えてくれます。

そこで、「もっと剣に寄せた傘があってもいいのではないか？」「杖としても使いやすい傘があってもいいのではないか？」という思いが生まれました。

そんな機能を備えることで、「どの年代の人でも使える」特徴も伸ばせそうです。

こうじて生まれたのが、「雨をしのぐ」という機能をちょっと変え、「剣」や「杖」としての機能も足した新しい傘というアイデアです。

「傘」「剣」「杖」、どれも「長い棒状」という共通の特徴を持っていることから、取っ手部分だけを付け替えることで、異なる機能を発揮できるようにしました。

「傘＋剣」「傘＋杖」と、使う人により適した使い方ができる傘になりました。

もちろん、傘を剣にして遊ぶのは危険性もありますし、杖にするなら強度の問題などもでてくるため、実現化するうえでは考えるべきポイントも多々あります。

ですが、**発想の転換という点では、このように「機能」を見直す思考を持つことは大切だと考えています。**

¥11

置くところに困らない

筆置きにもなる筆

脳内マップ

アプローチ

課題を解決する

課題を考える

筆の置き場所に困るときがある

解決策を考える

つねに筆の置き場がわかる状態だといいのに

アウトプット

機能をちょっと変える

ちょっと変える!

筆の機能を「書く」から「置く」に変える

アイデア!

筆置きと一体になった筆

絵の具を使って絵を描くとき、ふと筆の置き場所に困ることはありませんか？

つねに側に筆置きがあれば、いつでも安心して使えるのにって思いますよね。

こうして「課題を解決する」アプローチで生まれたのが、このアイデアです。

「筆の置き場所に困る」という課題に対する解決策は、「つねに筆の置き場がある」ことです。

そのための方法を、「ちょっと変える」ことで達成できるアイデアを考えていきます。

まず、筆置きがつねに近くにある状態がいいと考えると、いっそのこと**「筆と一体化させるのがいいのでは？」と考えました。**

爪楊枝の端を切り離して爪楊枝置きにする人がいるように、筆の一部を切り取って筆置きにできないか。

つまり「筆」自体に、「筆置き」の機能も足せないかと考えました。

こうして、一部が磁石で固定されていて、切り離すことで筆置きにできる筆のアイデアが生まれました。

このアイデアのポイントは、「筆置き」に着目しなかったことです。

「筆を置く」という機能は、すでに筆置きが備えています。

普通に考えると、その機能を便利にしようとして「持ち運びできる筆置き」とか考えてしまいがちです。

でも、「筆」自体に「筆置き」の機能ごと持ってきてしまうという発想が、ありそうでなかったアイデアにつながりました。

機能は変えたり足したりできるという視点が、実現してくれたアイデアです。

最後にお決まり、アイデアの説得力を高めるための「付加価値」を考えます。

筆と一体化させることで「置き場に困らない」だけでなく、「紛失防止」や「収納場所がかさばらない」といったメリットも発見できました。

したがって、「少しの工夫で大きな効果を生む」アイデアとして、採用しました。

ちょっと変える発想法のパターン⑥
「感情」をちょっと変える

「課題解決性が高い」アイデアが生まれる

「ちょっと変える」発想法、最後に紹介するのは「感情を変える」方法です。

具体的には、**その製品に対してみんなが抱いていたネガティブな感情を、ポジティブなものに変える**ことです。

ピンチをチャンスに変えるという言葉がありますが、この「ネガをポジ」に変える発想は、まさにそれを達成するアイデアとなります。

¥11

ここでは、使う人がポジティブな気持ちになれることが重要なため、既存の製品を「楽しく」「可愛く」することが重要になってきます。

それを達成する手段として役立つのが「見立てる」発想法です。

ネガをポジに「ちょっと変える」ために、「見立てる」発想を使ってポジティブな現象をつくるのです。

少し混乱するかもしれないので、ゴミ袋を例にして説明してみます。

「感情を変える」発想によってゴミ袋のアイデアを考える際、「ちょっと変える」と「見立てる」の棲み分けはこのようなイメージです。

ちょっと変える：「ゴミ袋＝汚い」を「ゴミ袋＝きれい」に変える

見立てる：「ゴミ袋＝きれい」になるように「ゴミ袋を花に見立てる」

感情は目に見えないですし、「ちょっと変える」と「見立てる」の合わせワザなので難易度は少し高めですが、そのぶん形にしたときの印象は強くなります。

ここまでに紹介した方法に慣れてきたら、ぜひチャレンジしてみてください。

申し訳ない心が軽くなる

ラブレター不在票

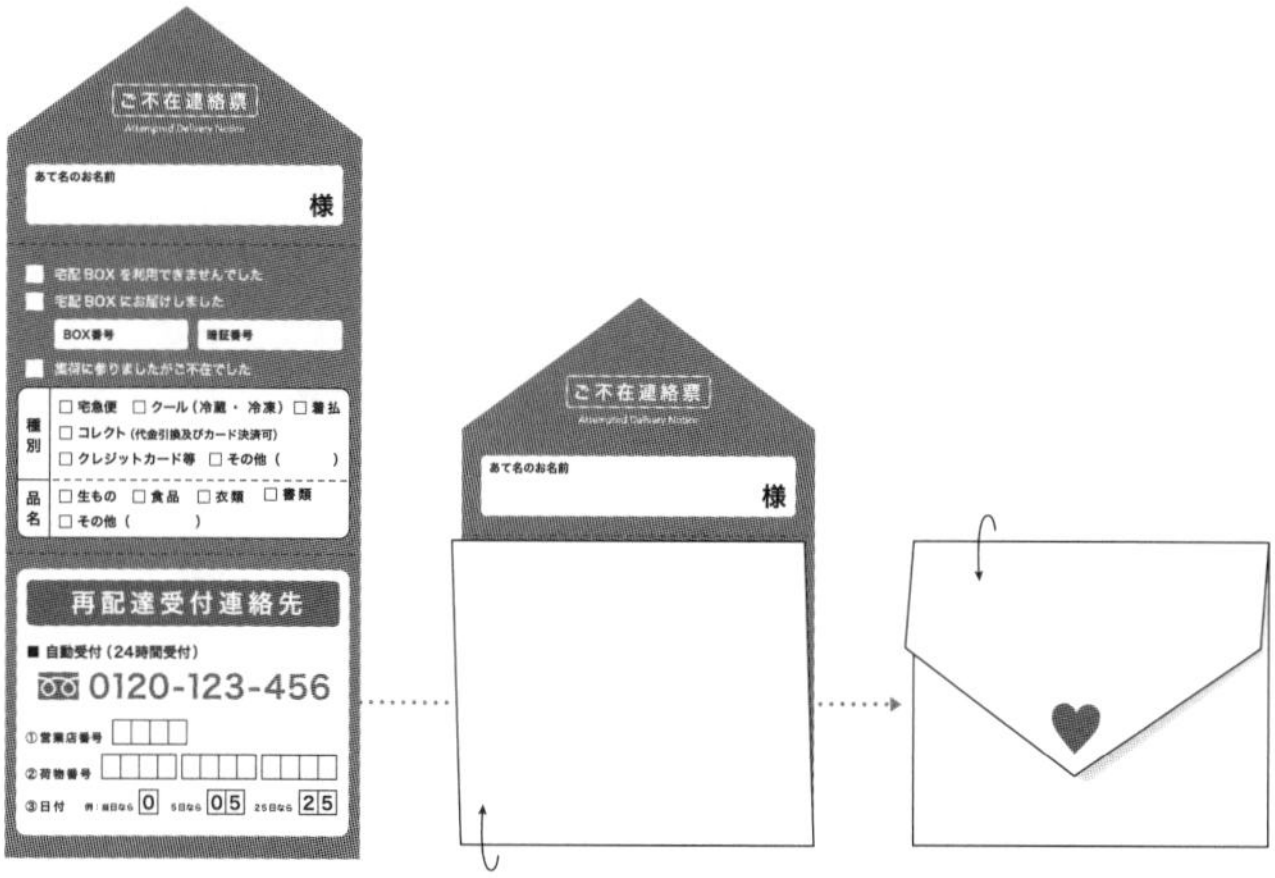

脳内マップ

アウトプット

感情をちょっと変える

ちょっと変える！

ポストに入っていたら嬉しいといえば「ラブレター」

アイデア！

ラブレターに見立てた不在票

アプローチ

課題を解決する

課題を考える

不在票がポストに入っているとネガティブな気持ちになる

解決策を考える

ポジティブな気持ちになれる不在票

¥11

郵便物を受け取れなくて、ポストに不在票が入っていたということ、ありますよね？

不在票を見る度に、申し訳なさと受け取れなかった悔しさが相まってネガティブな感情になってしまいます。

おそらく多くの人が共感するシーンなのではないでしょうか？

そんなネガティブな現象を逆に「嬉しい体験」に変換することができれば、日常がもっとハッピーになるのでは。

そう思ったことで、新しい不在票のアイデアを考えはじめました。

不在票に対してネガティブなイメージを持ってしまうという課題を、ポジティブな印象へと「ちょっと変える」発想法です。

そのためには、**「不在票が入っていることで嬉しい気持ちになる」**必要があります。

そこで役立つのが、「見立てる」発想です。

ポストに入っていると嬉しい気持ちになれるモチーフを探しました。

そうして見つけたのが、「ラブレター」です。

こうして、「ラブレターに見立てた不在票」というアイデアが生まれました。


不在票にネガティブな感情を持ってしまうという課題に対して、それを「ポジティブに変える」発想法で解決策を探る。

その手段として、「ラブレター」というポジティブな印象のものに見立てる。

2つの発想法を組み合わせることで、ネガティブなものをポジティブに見せることに成功しました。

また、ネガポジ変換されただけでなく、**「配達員からのラブレター」という、ストーリーを感じさせる仕様にもなりました。**


そもそも、「ちゃんと荷物を受け取ればいい」とは言えます。

でもそれが難しかったときに、ユーモアがあって可愛い不在票があれば、受け取り手や配達員の心も、少し軽くなると思うんです。

¥11

おみくじ絆創膏

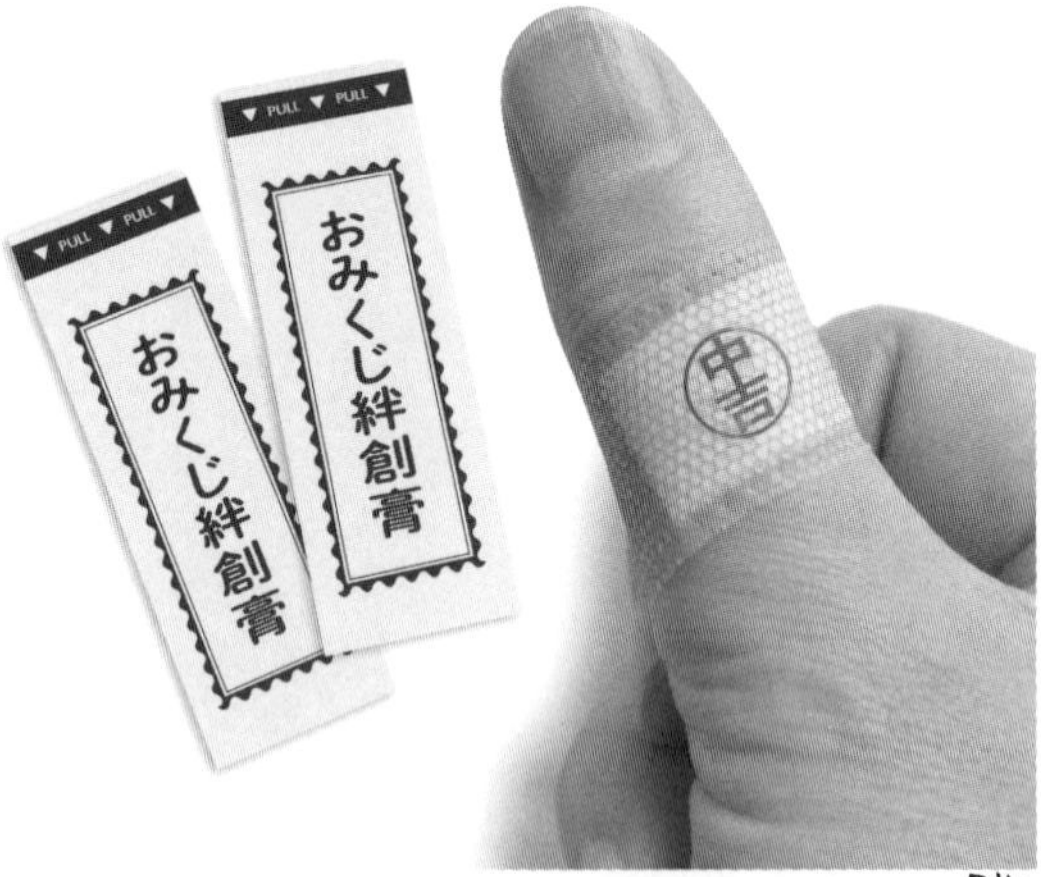

脳内マップ

アウトプット

感情をちょっと変える

【ちょっと変える！】
血がにじみ出てくる現象を「くじ引き」にする

【アイデア！】
くじ引きに見立てた絆創膏

アプローチ

課題を解決する

【課題を考える】
怪我をするとネガティブな気持ちになる

【解決策を考える】
怪我をしたときにポジティブな気持ちになれる絆創膏

怪我をすると当然、ネガティブな気持ちになりますよね？

普通に考えると当たり前のことですし、しかたがないことだと思います。

ですが私は、あえてこの現象に着目し、逆に**「怪我をする体験を楽しむことができないか？」**と考えました。

「怪我をする」というネガティブな体験を、ポジティブな印象へと「ちょっと変える」発想法です。


怪我に必須なものといえば、「絆創膏」です。

そこで「絆創膏」を使うことで怪我が楽しくなるアイデアを考えてみました。

絆創膏を使うと「血がにじみ出てくる」という現象が起こりますが、それを「なにもなかったところに模様が浮き出てくる」と解釈してみます。

ネガをポジに変換する際は、**いったん感情を切り離して、そのものの特徴に目を向け、抽象化することが重要です。**

この「血がにじみ出てくる」現象を、「ワクワクするものが浮き出てくる」現象に変えられたら、感情もネガティブからポジティブに変換できると考えました。

ここで、見立てる発想です。

「ワクワクするものが浮き出てくる」をキーにしてモチーフを考えたところ見つかったのが、「おみくじ」でした。

こうして、「運勢が浮き出てくるおみくじ絆創膏」が生まれました。

血が染み込むと「大吉」「中吉」「小吉」などが浮き上がってくることで、「怪我＝おみくじが引ける」というポジティブな体験に変換できました。

お気づきの方もいるかもしれませんが、「血がにじみ出る」のは絆創膏の特徴であるため、**このアイデアには「特徴を伸ばす」というアプローチも含まれています。**

ネガティブな感情になってしまうという「**課題から考え**」、それをポジティブな印象に「**ちょっと変えよう**」と発想し、その手段として「血が滲み出る」という「**特徴を伸ばす**」ために、おみくじに「**見立てる**」。

ここまでにお伝えした手法を総動員したようなアイデアでした。

ネガポジ変換型のアイデアは人をハッピーにする力を持っているので、親しみや共感が得られやすく、おすすめです。

「考えなくてもアイデアが溢れてくる」状態になるには

第3章と第4章、それぞれで「見立てる」発想法と「ちょっと変える」発想法で生まれたアイデアを紹介してきました。

見ていただいておわかりのように、どのアイデアも、この2つの発想法でシンプルに考えられたものばかりです。

思考の過程をお見せしてしまうと、意外と単純なことなのです。

みなさんのアイデア発想に役立てていただけるとともに、「アイデアを考えることって、難しいことじゃないんだ」とも思っていただけましたら幸いです。

さて、ここまでで私のアイデア発想術はすべてお伝えしました。

2つのアプローチと、2つの発想法。

これを実践していただければ、かならず「ありそうでなかったアイデア」が見つかることでしょう。

ですが、じつはまだ上の段階があります。

それは、**「考えようとしなくても、勝手にアイデアが溢れ出してくる」**状態です。

私も、ここまでに紹介した手法を用いてアイデアを考えていることは事実ですが、いざ「さあ、考えるぞ！」と意気込んで考えはしません。

日常生活を送っているだけで、次々とアイデアが溢れてくるのです。

その秘訣は、「習慣」にあります。

手法を知ったいま、その思考が自然と脳に刻まれる習慣を身につけることができれば、誰でも「勝手にアイデアが溢れてくる」状態になれるでしょう。

そのための習慣について、次の第5章でお伝えしていきます。

第5章

いつでもアイデアが生まれるようになる「習慣術」

「いつでもアイデアが浮かぶ頭」は習慣によってつくれる

習慣になれば「いつでもどこでも」アイデアが生まれる

ここまで、私がこれまでに考えてきたアイデアと、その発想法を紹介しました。

ですが第4章の終わりでお伝えしたように私は、いまではとくに意識することなく、自然とアイデアが湧いてくるようになりました。

これはノウハウやマインドだけでなく、日頃の習慣のおかげだと感じています。

「アイデア発想」は難しそうに見えるだけで、とても簡単です。

人は、未経験なことに対するハードルを無駄に高く設定してしまいます。

車の運転や、はじめて補助輪なしで乗る自転車もそうですよね？

最初のハードルがとても高いだけで、それを乗り越えてしまえばその後はどうってことなかったりします。

方法を知り、それを繰り返すことで、その状態が自然になっていきます。

アイデア発想も同じように、方法を知らないから、ハードルが高く感じられます。

正しい考え方を知り、繰り返していけば、誰でもアイデアを考えることが習慣になっていきます。

そして、やがては歯磨きと同じように、無意識のうちにアイデアを考え、いい案が自然に湧いてくるようになるのです。

アイデアを考える習慣が身につくと、日常生活のすべてが「アイデアが生まれる時間」に変わります。

軽く頭を使うだけでアイデアがポンポン生まれるようになるので、「この隙間時間でちょっと考えてみよう」という軽い気持ちでアイデアを考えはじめられます。

習慣になることで「考えなければいけない」という気持ちから「考えてみようかな！」という気持ちに変わり、積極的にアイデアを考える脳に進化していくのです。

そしてプレッシャーにも縛られなくなり、より自由な発想で本質を突く鋭いアイデアが生まれやすくなります。

アイデアの量と質が、ともに上がっていくのです。

勉強やスポーツみたいに習慣になれば楽しくなる

習慣化のもうひとつのメリットは、**続けていくと楽しくなる**ことです。

アイデアを生み出すことが苦ではなくなり、簡単にたくさんのアイデアが生み出せるようになると、「高揚感」や「達成感」を感じやすくなります。

そうなると、アイデアを考える行為自体が楽しくなります。

「習慣がアイデアを考えるきっかけをつくり、アイデアが生まれるようになると積

習慣になると、次々にアイデアが生まれるようになる

極的な気持ちが生まれて、またアイデアを考えるようになる」

　このいい循環をつくることができれば、日常の中でアイデアを考えることが当たり前になります。

　このようにアイデアを生み出すコツの本質は、アイデアを生み出す気持ちづくりや環境づくりと言っても過言ではありません。

　みなさんもアイデアを考える前にまず、考えるモチベーションを育てる習慣づくりを意識することからはじめてみましょう。

「すべてのものは不完全」という気持ちで世の中を見る

あらゆる「当たり前」を疑う

「なぜいしかわさんは、そんなにたくさんのアイデアを思いつけるんですか？」

よくこう聞かれるのですが、それは私が、**誰よりも「当たり前」を疑う性格**だからかもしれません。

第1章でも書きましたが、「どれだけ考えるか」よりも、「どこで考えるか」がアイデアを考えるうえでとても重要です。

だから私は、ほとんどの人が頭を使う土俵とは場所を変えて、アイデアを考えるようにしています。

それを繰り返していく中でいつしか、人が考えなさそうなところを発見するのが少し得意になりました。

人とかぶらない土俵探しのひとつが「当たり前」を疑うという方法なのです。

当たり前を疑うことで、ありそうでなかったアイデアにつながるヒントがかならず見えてきます。

そのためには、**世の中のものは「すべて不完全なものである」と捉えることがとても重要です。**

「なんでガムテープは丸いのか？」

「なんで付箋の糊は上に付いているのか？」

「なんで封筒は茶色いのか？」

すべての当たり前に対して疑問をぶつけることで、現状よりもいいアイデアが思いついたりします。

そして、当たり前だと思っていたことが少し変わると、人は驚きと共感を感じやすくなるのです。

当たり前を疑う人はあまりいないため、当然、その領域でアイデアを考える人も少なくなります。

つまり、アイデアに驚きと独自性がもたらされるのです。

人とかぶらない着眼点を養う

ここまで何度もお伝えしてきたように、アイデアを考えるうえでいちばん避けるべきことは、「人とアイデアがかぶってしまう」ことです。

人とかぶってしまうと、その時点で評価対象から外されてしまいます。

つまり、**評価されるアイデアを考えるためには、アイデアに「独自性」を持たせる必要があるということです。**

そして独自性のあるアイデアは、人とかぶらない考え方や着想からしか生まれてきません。

「当たり前」を疑うことからアイデアは生まれる

なぜガムテープは
まるいのだろう?
なぜ「付箋」は
上についてるん
だろう?

「当たり前を疑う」という行為は、まさに人とかぶらないスタート地点を見つけることであり、独自性をつくるためにとても有効な考え方のひとつと言えます。

「当たり前になっていること＝未開拓地」と捉えることもできます。
「**アイデアの鉱脈**」と言ってもいいかもしれません。

競合が少ない場所で頭を使えるようになるとアイデアの優位性が高まります。
ぜひ、人とかぶらない着眼点を養うために「当たり前を疑う」癖をつけてみてください。

¥11

「こうしたらどうだろう？」をつねに妄想する

便利にする・使いやすくする・面白くする

先ほど紹介した「当たり前を疑う」という習慣と、ここで紹介する習慣はセットで実践することをおすすめします。

当たり前に使われている既存の製品を疑ったら、**それをちょっと変えることでアップデートを図る妄想をしてみてほしいのです。**

たとえば、ガムテープに対し「ガムテープはなぜ丸いのか？」「もっといい形があるのではないか？」と疑ったとします。

そこで終わらずに、**「それなら、四角に変えてみたらどうだろう？」**と、ちょっと変えてみると、「転がらなくなる」という価値を発見できたりします。

また、付箋を取り上げて「付箋の糊はなぜ端についているのか？」「端じゃなくてもいいのではないか？」と疑ったとしたら。

「それなら、糊の位置を真ん中にしてみよう」と、ちょっと変えてみます。

すると、「どの向きでも書ける」という価値を発見できました。

最初から「価値あるアイデア」を考えようとしないのがポイントです。

いろいろとこねくり回しているうちに、「価値」が見えてくるのです。

この習慣が身につくと、**日常にあるすべてのものが「題材」に変わります。**

これらすべてに新しいアイデアが眠っているとも考えられ、まだまだ既存の製品は「発展途上」だと感じてくるでしょう。

実際に私もこの習慣を毎日実践していて、1日に2〜3個はかならずアイデアが生まれる状態を維持できています。

「たくさんの人が共感する課題」を少しの工夫で解決する

既存の製品をちょっと変える妄想をする際は**できるだけたくさんの人が共感する課題を見つけて解決しよう**という意識を持ってみてください。

人に共感されるアイデアを考えるために必要なことであり、共感される課題を解決できたことで、初めて需要に答えたアイデアになります。

このように考えることで、アイデアがたくさん生まれるだけでなく、共感される確率も上げることができるのです。

「この製品って、なんで○○なんだろう？」「少し変えたら、どうなるだろう？」この妄想をしたあとで、「それで解決される課題って、なんだろう？」と考えてみましょう。

そうすることで、ありそうでなかったアイデアを量産する習慣が身につきます。

美術館や展示会よりもロフトやハンズに行く

アイデア発想に最適なインプット場所とは？

クリエイティブ意識が高い人は、美術館や展示会によく行きます。私も好きなアーティストの展示会には何回か足を運んでいますが、それはアイデア脳を鍛えるためではなく、その人の活動に興味があるからです。

逆に、**アイデア脳やクリエイティブ活動への刺激を得るためによく行くのが、「ロフト」や「ハンズ」といった生活雑貨店です。**

親しみのあるプロダクトがたくさん並んでいて、多くの共感や発見があります。「こんな考え方があるんだ！」「確かにこれは便利だわ」というわかりやすい発見が多く、これが良質なインプットに変わるのです。

先ほど紹介した「当たり前を疑って、少し変える」習慣を、このロフトやハンズで行うと効果的です。

ガチャガチャコーナーは「組み合わせ」の宝庫

もうひとつ、アイデア脳が刺激されるおすすめの場所をご紹介します。

それは「**ガチャガチャコーナー**」です。

ガチャガチャと聞いて、「なんだ、子供のオモチャか」と思いませんでしたか？

じつは近年のガチャガチャには、奇想天外でユニークな商品が数多くあり、子供だけでなく大人にも人気なのです。

前にもお伝えしたように、**ワンビジュアルで人の興味を惹く最高峰のコンテンツ**

であり、「**組み合わせアイデアの宝庫**」と言っても過言ではありません。

「見立てる」発想法で生まれた上質なアイデアがたくさん集まっている場所なので、見立てる思考がとても刺激されます。

そんなガチャガチャの商品を見て「組み合わせの方程式を探す」ことで、よりアイデア脳を鍛えることができます。

たとえば次のように「**なぜその2つを組み合わせたのか？**」という理由と「**組み合わせることでどんな化学反応が生まれるか？**」というメリットを考えるのです。

「**バナナインコ**」

↓「バナナ」と「インコ」を組み合わせたアイデア

↓「形」が似ているから見立てたのかな？

↓「剥かれた皮」が「翼」にも見えるから、より可愛いく見えるのかもしれない

「**きのこドラゴン**」

↓「きのこ」と「ドラゴン」を組み合わせたアイデア

↓どちらも「種類が豊富」で「見た目が個性的」だから共通点が多かったのかも
↓「かわいい」と「かっこいい」の組み合わせだから魅力が増したのかな？

コンテンツに対して、「なぜそのアイデアを考えようと思ったのか？」、そして「なぜ人気になったのか？」というところまで深掘りして考えます。

作者と同じ気持ちになって考えることで、思考をインプットするのです。

ガチャガチャコーナーはアイデアの「考え方」と「見せ方」両方のインプットができる場所であり、アイデア脳を刺激する場所として最適と言えるでしょう。

独自性を出したいなら「流行り」を知ろう

多くの人に親しまれている流行りと、オリジナリティである独自性は、一見、逆のように感じる人もいるでしょう。

ですが「**流行り**」**を知ることで、その流れに乗るか、あえて違った方向で考える**

かという選択ができるようになります。

そのため「流行り」は、アイデアを考える前の「方向決め」におけるとても重要な素材になるのです。

いま考えている商品が並ぶ予定の棚にある他社商品や、グッドデザイン賞に選ばれたアイデアを見て、「流行りのアイデア」をインプットしてみましょう。

アイデアの「レッドオーシャン」と「ブルーオーシャン」が発見でき、いまの時代に受ける「アイデアの傾向」を知ることができます。

くわえて、その商品が人気である理由まで考えられると、「いまはこういう考え方が主流だから、あえて逆をいってみよう」「いまはこの商品が流行っているから、これをベースにちょっと変える発想法でアイデアを考えてみよう」と、アイデアを考える戦略も立てられます。

流行りを知り、戦略を立て、そのうえで独自性のあるアイデアを考える。

この理想的な流れを習得するために、「流行を知る」ことはとても大切なのです。

「マジカルバナナ」の連想ゲームで見立てる回路をつくる

「マジカルバナナ」はいちばんの練習になる

目に入ったものからアイデアを考える際、私は頭の中で「マジカルバナナ」をしています。

「マジカルバナナ」は、90年代にテレビ番組で行われていた連想ゲームです。「バナナと言ったら黄色」「黄色と言ったらヒヨコ」というように、連想されるものをつなげていくゲームです。

これと同じように、**様々な製品や事象を「お題」として取り上げ、連想されるキー**

ワードを広げていきます。

繰り返していくと、「見立てる」発想法で考えるスキルが鍛えられます。

見立てるとはつまり、「共通する要素を持つものを組み合わせる」ことです。

共通点を見つける思考の訓練として、「マジカルバナナ」は最適なのです。

ゲーム感覚で楽しく発想できるので、習慣化を目指す手法としても適しています。

それでは実際、どのように「ひとりマジカルバナナ」を行っているのか、事例を用いて紹介します。

「○○と言えば？」で連想していく

たとえば、「付箋」のアイデアを「見立てる」発想法で考えるとしましょう。

「付箋」を最初のキーワードとして取り上げ、マジカルバナナをスタートします。

「付箋」と言ったら「一部が見える」
「一部が見える」と言ったら「サメの背ビレ」
↓「サメの背ビレ」に見立てた「付箋」のアイデア

次は、「両面テープ」の見立てるアイデアを考えてみましょう。
「両面テープ」を最初のキーワードとして設定し、マジカルバナナをスタートします。

「両面テープ」と言ったら「くっつく」
「くっつく」と言ったら「お米」
↓「お米」に見立てた「両面テープ」のアイデア

このような感じです。
慣れてくると頭の中で自然と「マジカルバナナ方式」でアイデアを考えられるよ

「○○と言えば△△」で連想をつなげていく

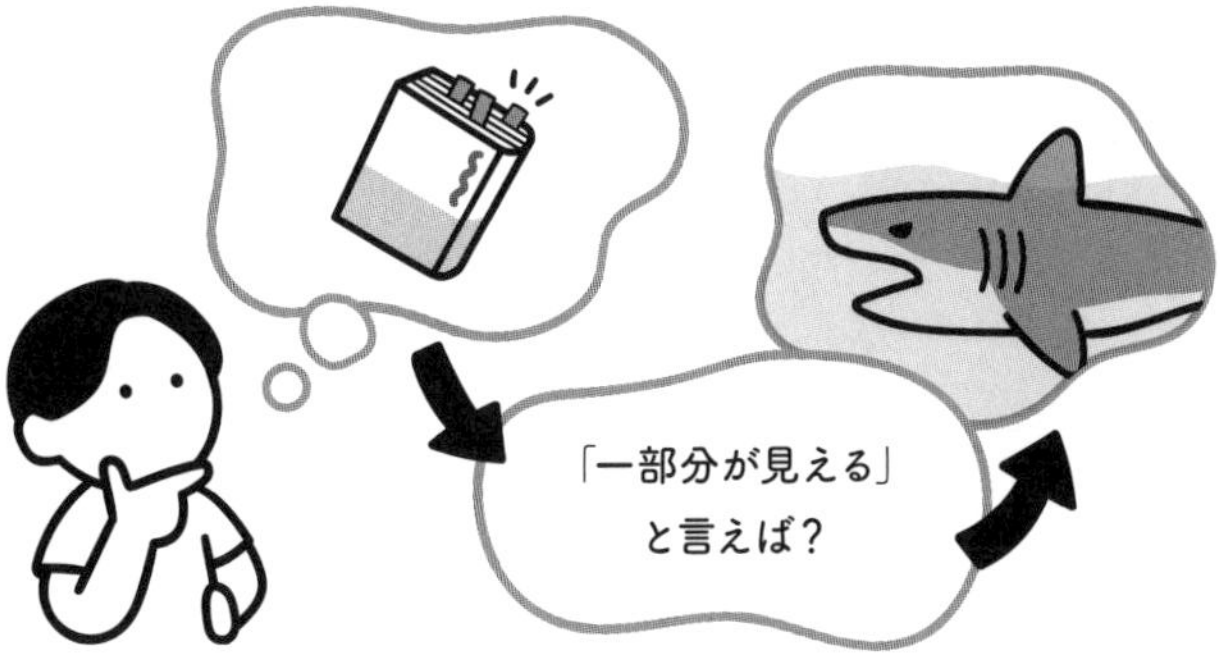

うになるので、最初は意識しながら実践するようにしてみてください。

無理なく「見立てる」発想法が習慣になるはずです。

「ワンフレーズ」で書いたメモを翌日に振り返る

浮かんだアイデアは「ワンフレーズ」でメモする

アイデアを進化させる「メモ術」についてご紹介します。

まず、大前提としてアイデアはわかりやすくなければなりません。

そのためには、アイデアは「ワンフレーズで説明できる」ことがポイントです。

「お米の両面テープ」「真ん中に糊がついた付箋」「四角いガムテープ」

こういった「○○（特徴）な○○（製品名）」で説明できるアイデアが、ワンフレーズで説明できるシンプルなアイデアです。

したがって、**アイデアをメモするときは「○○（特徴）な○○（製品名）」という ワンフレーズで、1アイデア1行でメモすることを意識してみてください。**

ワンフレーズでメモできないアイデアは、いいアイデアとは言えません。アイデアをメモする行為は、言ってしまえば「アウトプット」そのものです。まずは「1行で説明できるシンプルなアイデアかどうか」をクリアすることから考えましょう。

「主観」でメモして「客観」で見返す

第1章でもお伝えしたように、評価されるアイデアを生み出すには、「客観的視点」がとても重要になります。

「主観」だけで考えたアイデアでは、「これ誰が使うの？」「これでなにが便利になったの？」「誰も欲しがらないよ」と、共感が得られません。

この「客観的視点」を鍛える手段として、「メモ」を活用する方法がおすすめです。

メモとは「メモをする（主観）」と「それを見返す（客観）」を繰り返すことです。

「これ面白いかも！」とひらめいたアイデアをメモし、後から「これ本当に必要かな？」と見返す習慣を身につけることで、客観性が養われていきます。

①思いついた瞬間にアイデアをメモする（これ面白そう！）＝**主観目線**
②次の日に、メモしたアイデアを見返す（これ本当に必要か？）＝**客観目線**

ポイントは、**メモした当日ではなく、次の日に見返すことです。**

アイデアを思いついた当日は「主観」が強いため、一度寝てから次の日に見返すと、より「客観的」に見返すことができます。

すると不思議なことに「なんでこのアイデアにテンションが上がっていたんだろう？」と思うことが多々あります。

これが、「主観」と「客観」にギャップが生じているということであり、そこに気づけることが、成長への大きな第一歩となります。

このように自分のアイデアを見返す機会を増やすことで、第三者が見てもいいと思えるアイデアだけが残るようになります。

見返すことに慣れてくると、いつしか思いついた瞬間から「主観」と「客観」の両方の視点でアイデアの善し悪しを判断できるようになります。

最終的に頭の中だけで発想を完結することが可能になるのです。

そして自分のアイデアを見返すときは、**「自分のアイデアを審査する」つもりで自己採点することを忘れないでください。**

誰よりも厳しい審査員になったつもりで自分のアイデアを審査し、勝ち残ったアイデアだけを提案することで、確実に評価されるアイデアを形にできるのです。

プライドを捨てて
アイデアをどんどん「他人」に見せる

自分と相手の「ギャップ」を埋めていく

アイデアは人に見せることをおすすめします。

大抵の人は、否定されるのが嫌だとか、真似されたくないといった理由で、アイデアを人に見せようとしません。

ですがむしろ、思いついたアイデアはどんどん人に見せた方がいいと私は考えています。

私も、学生時代にたくさんの人にアイデアを見せることで、「客観的視点」を鍛えることができました。

はじめのうちは「これ実際に作れるの？」とか「これなにが面白いの？」などの厳しい意見ばかりでしたが、それでもめげずに、「どうすれば納得してくれるんだろう？」「どんなアイデアであればみんなが使いたいと思うのか？」と、ひたすら考えました。

「自分が思ういいアイデア」と「相手が思ういいアイデア」にギャップがある状態だったので、そのギャップを埋めるために努力をしたのです。

その頃から、デザインコンペの受賞率も9割を超えるようになり、評価されるアイデアを確実に生み出せるようになった記憶があります。

前提として、**アイデアは人によって好き嫌いが分かれるものです。**

そのため、まずはいろいろな人にアイデアを見せることが重要です。

周りの人にアイデアを見せると、様々な反応が返ってきます。

すると、「自分のアイデアがなんでダメだったのか？」「なんでよかったのか？」をしっかり考えるようになり、自分の中にある「客観的視点」が養われるのです。

「客観的視点」を超えて「その人目線」で考える

アイデアを人に見せ続けると、客観的視点を超えて、「その人の目線」を習得できるようになります。

つまり、**評価する人に合わせたアイデアの出し分けが可能になるのです。**

これは、ある意味で最強のスキルと言えます。

恋愛にたとえると、「好きになった人がどんな相手でも、振り向かせることができる」くらい最強のスキルです。

このスキルを極めると、つねに評価者の気持ちになってアイデアを考えられるようになるので、うまくいけば百発百中で評価されることもあり得ます。

「この人はどんなアイデアが好きなのか？」

「この人に刺さるアイデアってどんなアイデアだろう？」

この考え方が定着すると、まったくテイストの違う企画コンペでも、的を射るアイデアが高確率で提案できるようになるでしょう。

アイデアを人に見せて、意見を聞くことはタダです。

タダで自分の中に「客観性」や「共感されるアイデアの考え方」をインプットできるのです。そう考えると、とてもお得な感じがしませんか？

人にアイデアを見せる行為は、自分に足りない視点に気付くきっかけになります。

まずは、自分に足りていない視点を養うつもりで、気軽にアイデアを人に見せる習慣を取り入れてみてください。

乗り越えなくてはならない「実現」という壁

自然にアイデアが生まれるようになるための習慣術をご紹介してきました。

¥11

すべてを実践してくださいとは言いません。

できそうな習慣から少しずつ実践していただけると、いつの間にかアイデアを考えることのハードルが少しずつ下がってくるはずです。

気がつくとアイデアを考える時間が日常生活の一部になっていることでしょう。


さて、ここまでアイデアの考え方やアイデアが生まれる環境についてお話ししてきました。

ですが、最後にひとつ、超えなければならない壁があります。

それは、**「アイデアを実現する」という壁です。**

アイデアは、頭のなかに眠っているだけでは意味がありません。

人に伝えて、評価され、作られ、ユーザーに届く。

いろいろな人の手にわたりながら、少しずつ具現化されていくことで、アイデアは真の役目を果たします。

そこで次の章では、浮かんだアイデアを実現させるために「アイデア以外に考えなければならないこと」をお伝えします。

第 6 章

アイデアを実現させるために考えなければならないこと

¥11

アイデアに必要なのは1割のひらめきと「9割の調査」

「いいアイデア」でも評価されない場合がある

いくらアイデアがよくても、「求められていないアイデア」になってしまうと評価されません。

私のアイデアがほかの人のものよりも評価されやすいのは、決してアイデアを生み出す力だけが長けているからではありません。

アイデアを求めている人や、求められる背景に応じて、発想の戦略を変えられることが、私が持っているもうひとつのスキルだと感じています。

そこで本章では、アイデアが評価され、実現されるために必要な「アイデア発想以外のこと」についてご説明していきます。

事前調査をすると「的」を外さなくなる

アイデアを実現させるために考えなければならないことは、おもに次の3つです。

①企画募集の「開催目的」を考えよう（なぜ、この募集がはじまったのか？）
②募集テーマの「設定理由」を考えよう（なぜ、このテーマなのか？）
③アイデアの「評価者」を考えよう（評価する人は、どんなアイデアが好きなのか？）

正直なところ、アイデアにそこまで新規性がなくても、これらを押さえるだけで評価されることはたくさんあります。

アイデアに自信がない方は、これらの点から意識するのもありかもしれません。

本章で伝える内容を実践すると「的を外すアイデア」を生み出さなくなります。求められているアイデアの方向性がわかるようになるので、見た人が「こんなのがほしかった！」と言ってくれるアイデアを提供し続けられるようになるでしょう。

その結果、**「数打ちゃ当たる」戦法を取らなくても、少ないアイデアで結果を出すことができます。**

つまり、事前の調査を徹底して的を絞って考えることで、少ないアイデア数で勝負できるため時間も節約できるのです。

その企画募集が開催された「目的」を探る

企画募集にはかならず「開催理由」が存在する

まずは、企画募集の「開催理由」を考えることの重要性についてお伝えします。人から「お題」が与えられ、アイデアを求められる場面では、かならずその理由が存在します。

たとえば、私が応募しているような一般公募の商品企画コンペでも「**社内でアイデアを生み出せずに困っているから助けてほしい**」という理由で開催されるものもあれば、完全に「**自社ブランディングの一環**」として開催されるものもあります。

¥11

同じ公募の商品企画コンペだったとしても、その開催理由によって、「評価されるアイデア」が真逆になる場合があるのです。

また、自社内で企画コンペが実施された場合も、「商品のラインナップを増やしたい」のか、「これからの軸になるような新商品がほしい」のかで、評価されるアイデアは違ってきます。

前者の場合は、コストパフォーマンスの高い実現性のあるアイデアなどが評価されるでしょう。

後者なら、「新しくて斬新なアイデアを期待しているのかも」「それなら現実味のある提案よりも、現実にとらわれない自由な発想で考えてみよう」と、考えるべき方向性が見えてくるのです。

開催理由を知ると「主催者の気持ち」がわかる

企画募集の開催理由を知ることで、「主催者の気持ち」を理解することができます。

主催者に刺さるアイデアを狙って提案することができるようになるので、初めから方向性を絞ってアイデアを考えられるようになります。

方向性を絞ってアイデアを考えられるようになると、「拡散」よりも「深掘り」に時間を使うことができるので、質の高いアイデアが生まれやすくなります。

こういった点から、アイデアを考える前に主催者側の目線になって、「どんな背景から企画を募集することになったのか」を考えることが重要なのです。

次に、求められているアイデアの方向性をさらに解像度高く理解するために、「テーマの設定理由」を考えていきます。

募集テーマが決められた「設定理由」を考える

そのテーマが決められた「会話」を妄想する

企画募集の背景の次は、「なぜこのテーマが設定されたのか?」を考えます。

これによって、求められているアイデアをより鮮明に理解できます。

コツは、**「テーマ決めの際に行われている会話」を想像することです。**

たとえば、シヤチハタが主催するデザインコンペのテーマが「これからのしるし」になったことについて、その背景で交わされた会話を個人的に想像してみました。

となりのページのような感じです。

テーマを設定した「会話」を想像する

課長、デジタル化が進んできた影響で
印鑑が使われなくなりましたね……。

そうですね～。これからは印鑑の代わりになる
新しい証明ツールを考えないといけませんね。

それでは、次のデザインコンペで
みんなに考えてもらいましょうか？

それはいいですね！　テーマは
「これからのしるし」なんてどうでしょう？

賛成です！それでいきましょう！

↓

テーマ：これからのしるし

そこで私が提出したのが、213ページで紹介した「手書き印鑑」です。機械でつくられた文字ではなく、手書きの文字という点が、テーマ設定の背景にあった「デジタル化への対抗」や「印鑑の代わりになる新しい証明ツール」というキーワードとマッチして、評価されたのかもしれません。

実際のテーマは、こんなに単純な経緯では決められていないでしょう。

ですが、**テーマが決まる流れを想像したことで、主催者側の想いまで汲み取れるようになったのは事実です。**

それが、相手に共感してもらえるアイデアを生み出すことにつながります。

テーマが「具体的か抽象的か」で求められるものは異なる

企画募集に際するお題やテーマは、おもに「具体的なテーマ」と「抽象的なテーマ」の2つに分けることができます。

「便利な文房具」といった具体的なテーマが設定されることもあれば、「ダイバーシティ」など、抽象的なテーマが設定される場合もあります。

具体的なテーマの場合、時代背景に合わせて設定されていることが多いので、**「いまの時代に実現可能なアイデア」を求められていると考えられます。**

一方で抽象度の高いテーマの場合は、幅広くアイデアを求めている可能性が考えられるため、**「斬新なアイデア」も受け入れられる傾向があります。**

具体的なテーマでも抽象的なアイデアが評価されることもあれば、その反対も起こり得るため、決めつける必要はありませんが、評価されるアイデアの方向性を探るヒントのひとつとして考えてみてください。

主催者の「言葉」に多くのヒントがある

主催者が求めているアイデアを知るために、いちばん簡単な方法は、**主催者本人の意見やコメントをインプットすることです。**

¥11

公に募集をかけている企画コンペの場合、主催者側のメッセージが記載されていることが少なくありません。

そこから、開催にあたっての想いやテーマ設定の背景を知ることができます。

また、会社や大学の場合なら、企画募集を考えた社員や先生に、開催背景やテーマの設定理由を直接聞くのもありかもしれません。

これらの方法で主催者側が求めているアイデアを知り、戦略を立てていきます。

「企画募集の開催理由」と「テーマの設定理由」。

この2つを考えることが、主催者に評価されるアイデアを考えるうえで重要なヒントになると覚えておいてください。

アイデアを見る「評価者」の頭の中を知る

アイデアの評価とは評価者との「相性」でもある

ここまで、主催者側が求めるアイデアを知るために、「開催背景」と「テーマ設定の理由」を考えることの大切さをお伝えしてきました。
そこで次は、アイデアを評価する「評価者」に刺さるアイデアを知るための方法をお教えします。

アイデアを考えるうえで、ひとつ大きなジレンマが存在します。

¥11

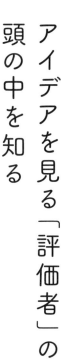

それは、**かならずしも優秀なアイデアが評価されるわけではない**ということです。

アイデアを評価するのは、いつでも「人」です。

機械が評価するわけではないため、どうしても見る人の好みや価値観によって評価されるアイデアが決まってしまいます。

企画コンペでも、運営側が求めるアイデアは毎回異なるため、相手に合わせるスタンスでアイデアを考えなければなりません。

つまり、つねに評価されるアイデアを生み出すには、アイデアと、それを求めている人との相性を考えなければならないのです。

簡単な話、**「審査員」や「評価者」たちの心を掴めれば、アイデアは確実に評価されます。**

そのためには「いいアイデアを生み出そう！」という気持ちだけでなく、相手が求めているアイデアに近づける努力も必要になってきます。

評価する人が変われば、評価される作品も変わる

あるデザインコンペで審査員を担当されていた原研哉さんも、このようなことを話していました。

「コンペというのは審査員とのコミュニケーションですからね。（中略）審査員が変わったら選ぶ作品も変わってくる。それはつまり、審査員が優れたものを選んでいるからではなくて、審査員と応募作が化学反応した結果が賞という現象なんです」（出典：https://sndc.design/archives/13th/interview/360/）

あの原研哉さんも、評価されるアイデアは審査員の好みで決まってしまうとおっしゃっているのです。

これはコンペにかぎらず、実際の企業の現場でも同じでしょう。

「ユーザーのためになる商品を」とは掲げていても、結局は企画会議に出ている決裁者たちの価値観や好みといった点に少なからず左右されます。

評価する人が変われば、評価される作品が変わる。

「評価者が好きと思えるアイデア」を考えることもまた、アイデアを考える人に問われるもうひとつのスキルだと言えます。

「評価者」の頭の中をもっと知ろう

先ほどもお伝えしましたが、アイデアを評価するのはつねに「人」です。

そのため評価者のことを知ることが、評価してもらうために重要なことであり、最短の近道と言ってもいいかもしれません。

私が商品企画コンペで常勝できるようになったのも、「評価者」をとことん分析するようになったからです。

「この人は、テーマをどう解釈しているのか？」
「どんな世界観のデザインが好きなのか？」
「これまでに作ってきた作品はどんなものか？」

評価者の考えやデザインの好みを分析することで、その人に刺さるアイデアがなんとなく見えてきたりします。

これは、好きな人に振り向いてもらうための努力と似ています。好きな人ができたときって、相手に振り向いてもらうために、その人の好きなタイプに近づこうと努力しますよね？　それと同じなんです。

いくら世間的にモテる服装・モテる髪型でキメていったとしても、その人に刺さらなければなんの意味もありません。

アイデアを応募するときもまったく同じです。

アイデアを提案するという行為は、言い換えると「評価者との恋愛」です。

「評価者」を「好きな人」に見立てて、相手に振り向いてもらうつもりでアイデアを考えると、自然と相手目線でアイデアを考えられるようになってくるのです。

¥11

期待に「応える」のか、それとも「裏切る」のか

「共感」されたいなら評価者の期待に応えよう

相手目線でアイデアを考えられようになったことで、気づいたことがひとつあります。それは、

相手の期待に「応えるアイデア」は「共感」されやすい
相手の期待を「裏切るアイデア」は「驚き」を与えやすい

ということです。

本書では繰り返しお伝えしていますが、アイデアが評価されるためには相手に「共感」と「驚き」を与えることが重要です。

そして「共感」と「驚き」の度合いは、相手の期待にどう応えたかで変わります。

相手の期待に応えるアイデアは「共感」されやすくなります。

相手の好みや、テーマに対する考えに沿ったアイデアを提案できると、共感されやすい傾向があります。

提案したアイデアに、評価者から「これ好き！」「こういうアイデアが欲しかった！」という反応が来た場合は「共感」が強いアイデアだと言えるでしょう。

商品企画コンペで言うと、「共感」の強いアイデアは、「審査員特別賞」に選ばれやすいのが特徴です。

「驚き」を与えたいなら評価者の期待を裏切ろう

しかし、評価者が複数人いる場合は、特定の審査員の好みに合わせた「共感」だけでは、全員の賛同を得るには難しいところがあります。

「共感」よりも「驚き」が強いアイデアのほうが、人に強い印象を与えます。**同時に複数人の心を動かすには、「驚き」を与える必要があるのです。**

アイデアに対して、評価者が「やられた！」「そんな手があったか！」という反応をしてしまうのが、「驚き」が強いアイデアです。

コンペで言うと、「グランプリ」や「準グランプリ」を獲るアイデアに見られることが多いです。

そのためには、評価者の思考や価値観を知り、それを「あえて裏切る」という選択も必要になってきます。

評価者の好みや、期待しているアイデアを知ったうえで、**「あえて期待とは違う角度のアイデアを考えてみよう」と考えてみることが重要です。**

すると、評価者が想像していなかった斜め上のアイデアや、期待を超えたアイデアが生まれやすくなります。

つまり、評価者に「気づき」や「発見」をもたらし、強い印象を与える、「驚き」が強いアイデアになります。

想像を超えるアイデアを生み出すためには、ときには相手の期待を「あえて裏切る」ことも重要になってくるのです。

アイデアの価値が一瞬で伝わる「タイトル」のつけかた

アイデアを生かすのも殺すのも「伝え方」

ここまで、評価されるアイデアをつくるために、「募集理由・テーマ設定理由・評価者」を知ることの大切さをお伝えしてきました。

次に考えなければならないのが、アイデアの「見せ方」や「伝え方」の部分です。

いいアイデアを考えても、**見せ方や伝え方が下手なばかりにアイデアを見てもらえなくなってしまう**のは、とてももったいないですよね。

アイデアを実現するためには、それを人に見せ、伝え、理解してもらうことは避けられない過程なのです。

アイデアを伝えるうえで大切なのは、**どこまでわかりやすく、短時間で伝えられるかです。**

アイデアを見る人は、最初はアイデアを理解しようとする気持ちが働きます。

しかし、情報量が多かったり、見せ方が複雑だったりすると、「よくわからないな」という意識が働き、見る人のモチベーションも下がってしまうのです。

相手の集中力や、理解しようという意識が続いている時間の中で、そのアイデアのことが完璧に伝わらなくてはなりません。

ここから、そのための工夫をいくつかご紹介します。

それだけで「価値」が伝わるタイトルをつける

ひとつめの工夫は、「アイデアのタイトル」をわかりやすくすることです。

タイトルとは、アイデアを説明するワンフレーズです。

理想は、**「タイトル」と「イメージ画像」だけ見れば、そのアイデアが完璧に伝わる**ことです。

私もアイデアにタイトルをつけるときは、名前だけでアイデアの価値が伝わるようなネーミングを考えるようにしています。


以前考えた「香肉《かにく》」も、シンプルなネーミングでした。

これは、「もっと可愛く、使うことで楽しくなる朱肉を考えられないか？」という思いから生まれたアイデアでした。

「特徴を伸ばす」アプローチで考えたところ、朱肉の物理的特徴から「果物の輪切り」に似ていることを発見しました。

そこで「見立てる」発想法で、果物の輪切りに見えるカラフルな朱肉を考え、さらに付加価値として、「果物の香り」を朱肉につけました。


このアイデアに納得感を感じてもらうために、「果物の香りがする朱肉」で、「香肉」というネーミングを考えました。

このように、**アイデアがすでに面白いものであるなら、ネーミングはシンプルなほうが、その面白さがストレートに伝わります。**

「見立てた」「変えた」部分をタイトルにする

「見立てる」発想法で考えたアイデアなら、もともとの商品と、見立てたモチーフの名前を合体させてみるのがいいでしょう。

「炎」に見立てた「付箋」→「課題炎上付箋」
「マンタ」に見立てた「ロッカーキー」→「マンタのロッカーキー」

「ちょっと変える」発想法で考えたアイデアなら、変えたことによる「アフター」の姿を名前につけてしまうのがシンプルです。

形を「丸」から「四角」に変えたガムテープ→「四角いガムテープ」
柄を「無地」から「筆跡」に変えたえんぴつ→「筆跡えんぴつ」

このように、タイトルを見ただけでなんとなく内容が想像できることが大切です。

元の商品と、「見立てたポイント」「変えたポイント」を組みわせることで、「ちょっと気になる」「もっと知りたい」という興味につながります。

ファーストインプレッションで目を引く工夫としてとても有効だと言えます。

「カッコつけたタイトル」はいらない

一方で、**避けたいのは、「カッコつけたタイトル」です。**

たとえば、英単語を組み合わせた「musicool」「water-drop」みたいな造語や、抽象的でエモさのある「大切なしるし」「時間の神秘」といったタイトルです。

こういった、**内容がまったく想像できないタイトルでは、アイデアの内容が理解できません。**避けたほうがいいでしょう。

見ただけでどんな製品かがすぐにわかるアイデアについては、ある程度、遊び心のあるタイトルでも問題ないかもしれません。

ですが、いままでになかったアイデアや、少し説明が必要なアイデアに関しては、タイトルをわかりやすくする必要があります。

まずはわかりやすさを意識したタイトルを考え、アイデアが採用された後に、少しかっこよさを意識したタイトルや、耳に残るタイトルに変えるのもおすすめです。

アイデアの意図が「5秒」で伝わる「企画書」のつくりかた

企画会議は「目立つ」ことが最初のハードル

周りに競合となるアイデアがひしめいている企画コンペやデザインコンペでは、その中でいかに自分のアイデアに魅力を感じてもらうかが重要になってきます。

複数のアイデアが提出される企画会議でも、同様でしょう。

つまりアイデアが優れていることに加えて、「目立ってわかりやすい」プレゼンシートや企画書を作ることもまた、欠かせないポイントです。

企画書では、「5秒」でアイデアを伝える意識を持つ必要があります。

そのためには、**情報の見せ方に強弱をつけ、「タイトル」と「メイン画像」でアイデアを伝えましょう。**

逆に言うと、タイトルとメイン画像だけで伝わらないアイデアは、アイデア自体が「わかりにくい」ものだと判断できます。

第3章と第4章で紹介した発想法を実践して、まずはタイトルとメイン画像だけで伝わるようなシンプルなアイデアを考えるようにしましょう。

1ページ目は半分を「タイトル」「メイン画像」にする

アイデアを提出する際のフォーマットとして多いのは、「A3のプレゼンシート1枚」や「パワーポイントの1スライド」にひとつのアイデアをまとめる形式です。

そこに、「作品タイトル」「メイン画像」「コンセプト文」「使い方のわかる画像」などを配置します。

5秒で伝えるために大切なことは、見てほしい情報と、そうでもない情報で、見せ方に強弱をつけることです。

ここで言う「見てほしい情報」とは、「作品タイトル」と「メイン画像」です。**プレゼンシートの半分以上の領域を使って、「タイトル」と「メイン画像」を大きく配置しましょう。**

そして、残りの領域に「コンセプト文」や「使い方のわかる画像」を配置することで、バランスのいいプレゼンシートが完成します。

まず「タイトル」と「メイン画像」でアイデアを5秒で理解してもらい、さらに興味を持った人が、それ以外の「コンセプト」や「使い方」に目を通す。

情報に強弱をつけることで、どこから見ればいいかが明確になり、読み手の理解速度も速くなります。

これがアイデアをわかりやすく伝えるためのプレゼンシートの見せ方です。

プレゼンシートの見せ方を意識することは読み手への心遣いであり、アイデアを

コンペで受賞するプレゼンシートは「5秒」で伝わる

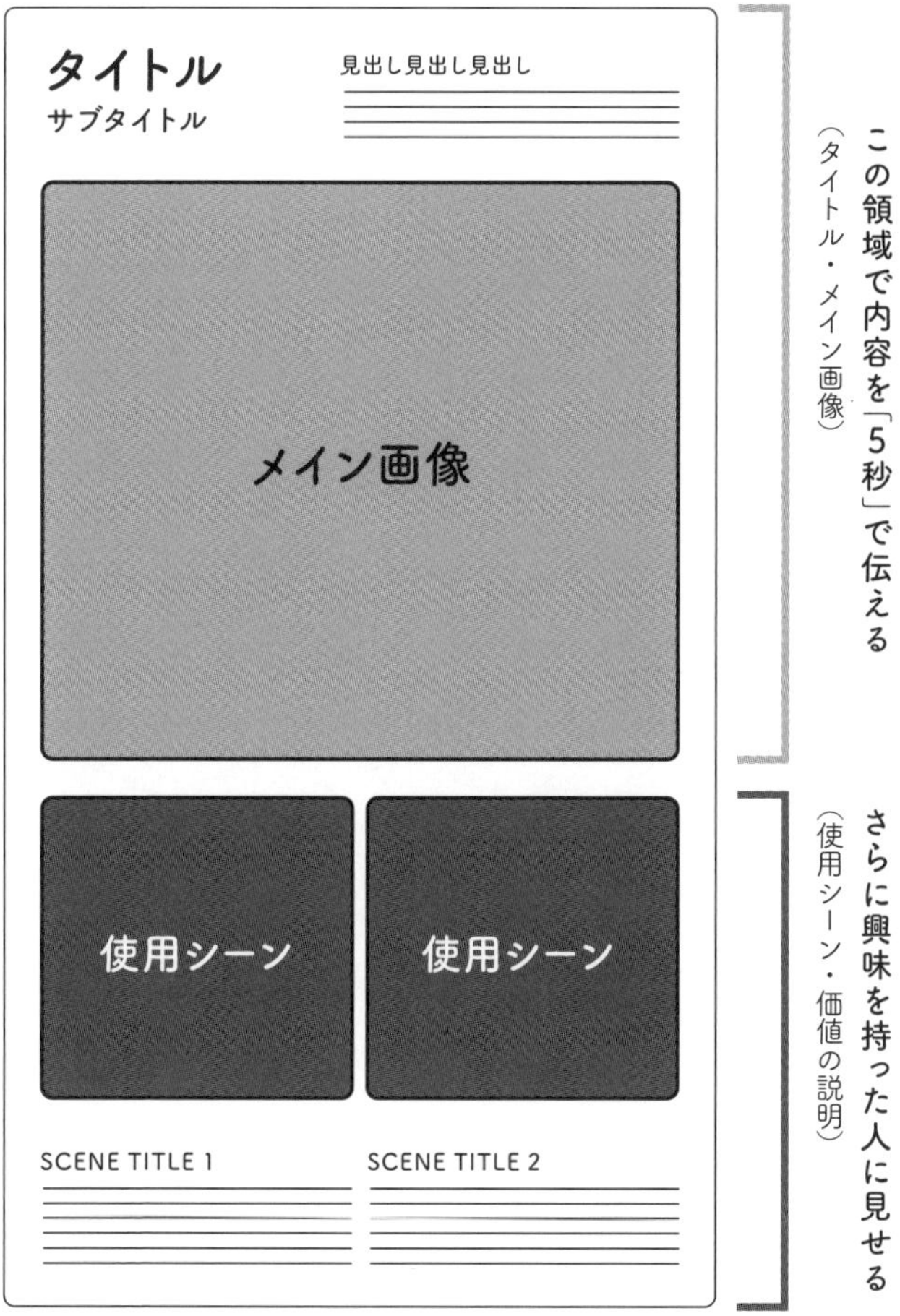

考えることと同じくらい大事なことです。

「おせち料理」より「定食」を目指す

印象が良い企画書と、悪い企画書の特徴をまとめると、次のようになります。

印象が良い企画書：強弱がある・画像が大きい・文字量が少ない
印象が悪い企画書：強弱がない・画像が小さい・文字量が多い

「定食」と「おせち料理」を想像してみてください。

「定食」は、おかず・ご飯・味噌汁の3要素しかなく、お皿の大小もはっきりしているので、料理の特徴を掴みやすいですよね。

一方で「おせち料理」は、たくさんの具材が均等に詰め込まれ、料理全体にコンセプトがあることは少なく、瞬時に理解するのも難しい印象があります。

どちらも素敵な料理ですが、**アイデアの企画書で目指すべきは「定食」です。**

ストレスなく中身を理解してもらうためにも、少ない情報量で強弱をつけることが大事なのです。

会社によっては、社内で決められたフォーマットがあることも多いでしょう。

その場合でも、バランスのいい情報量、強弱、文字量を意識するようにしてみてください。

ここでお伝えしたポイントに沿って作った企画書を別紙として添付するのも、いい方法かもしれませんね。

アイデアを魅力的に伝えるプレゼンの「流れ」

「課題→解決→解決策（アイデア）」の順で説明する

アイデアを伝えるうえで、もうひとつ重要なのが「プレゼン」です。社内外問わず、企画コンペが実施される場合、まずはアイデアシート（企画書）を提出し、その後、プレゼンを行うケースが多いでしょう。

ここでも、相手の「共感」と「驚き」をどうつくるかを意識する必要があります。具体的には、「課題→解決→解決策（アイデア）」の順番で話すことです。

①「課題」の提示：相手の共感を得る（たしかに、その問題ある！）
②「解決」の提示：相手の興味を惹く（え、どうやって解決するの？）
③「解決策」の提示：相手に驚きを与える（そんな手があったか！）
④「プラスアルファ」の提示：相手に驚きを与える（こんな機能まで!?）

たとえば「四角いガムテープ」をプレゼンすると、このような流れになります。

①「課題」の提示：ガムテープって、転がってどこかに行っちゃいますよね？
②「解決」の提示：転がらないガムテープがあったら嬉しくないですか？
③「解決策」の提示：そこで、形を「丸」から「四角」に変えてみましょう
④「プラスアルファ」の提示：等間隔に切れるし、お店でも並べやすくなります

このような流れでアイデアを伝えていくと、聞く人に「共感」と「驚き」を与えることができます。

そして最後に、「プラスアルファの価値」をたくさん用意することで、さらなる

¥11

「驚き」を与えることが可能になるのです。

「興味」を持ってもらえないと、なにもはじまらない

プレゼンでもっとも重要なのは、相手が聞く姿勢になっていることです。

企画書と同様、いくらいいアイデアだったとしても、相手が興味を持っていない状態でそのアイデアを見れば、理解されないまま終わってしまいます。

プレゼンでアイデアを理解してもらうためには、アイデアを見る側が興味を持っている状態である必要があるのです。

したがって、プレゼンの導入でいかに相手の興味を惹くかが重要になってきます。

人は「共感できる」ことに興味を持つため、**はじめに「共感できる課題と解決を提示する」ことがポイントです。**

さらにテクニカルなことをお伝えすると、**「相手の状況を言い当てるような内容」**を交えると、より相手の興味を惹きやすくなります。

「占い」でも、自分の悩みや相談したいことをずばり言い当てられると、占い師のその先の発言にも耳を傾けるようになりますよね。その心理と同じです。

まずは相手の「共感」から「興味」を惹き、自分やアイデアへの関心を高めたうえで「驚き」を与えるのが、いちばん美しいプレゼンの流れだと言えます。

「プラスアルファの価値」をいくつ用意できるかが鍵

ここで「アイデアが数倍魅力的に伝わる」方法について書きます。

それはずばり**「プラスアルファの価値」をたくさん用意することです。**

基本的に「課題→解決→解決策」で1セットだと考えている人が多いので、そこで、「まだあるんです」と言わんばかりにプラスアルファの価値やメリットを紹介すると「そんなことまで!?」という反応になり、より強い驚きを与えられます。

また、効果（価値）をたくさん紹介することで、「それだけの工夫で、こんなにたくさんのメリットがあるの!?」という反応も期待できます。

「小さな工夫で大きな効果を生むアイデア」という印象になり、コスパのいいアイデアとして評価されやすくなるのです。

たとえば141ページで紹介した「課題炎上付箋」の場合、付箋を炎型にすることで「焦って勉強を促す」だけでなく、「炎の大きさで課題の難易度がわかる」というプラスアルファの価値もあります。

また、213ページで紹介した「手書き印鑑」の場合、「同じ苗字の人でも世界にひとつだけの印鑑を持てる」だけでなく、「外国人も自分のサインで印鑑を作ることができる」というプラスアルファの価値があります。

このように、プラスアルファの価値をたくさん用意することで、工夫に対する効果の割合が高くなり、アイデアの質が高いと評価されやすくなるのです。

ここまでお伝えした内容が、いままで私がアイデアを考えてきたなかで培った、評価される「アイデアの伝え方」のすべてです。

アイデアを評価してもらうためには、もちろんアイデアそのものがよくないとダメですが、それだけではいけないのです。

誰に、どのような形式でアイデアを伝えるのか？

そもそもこの企画募集はなぜ開催されたのか？

こういった調査や対策も踏まえることで、初めて評価につながるアイデアが生まれると覚えておいてください。

おわりに
誰でも「最強のアイデアマンに」なれる

ここまで読んでくださりありがとうございました。

いろいろお伝えしてきましたが、要するにアイデアでもプレゼンでも、「共感」と「驚き」を与えることがすべてです。

どんな課題に対するアイデアを提案すれば「共感」が得られるのか？

どんな解決法（アイデア）であれば「驚き」を与えられるのか？

私が提唱するアイデアの考え方や伝え方は、すべてこの「シンプルな2つのこと」を行なっているにすぎません。


その根底には、「**寄り添う心**」と「**いたずら心**」があります。

困っている人、悩んでいる人に寄り添い、その人が笑顔になる「サプライズ」をプレゼントしてあげたい。

そんな純粋な気持ちを大事にしながら、本書のコツを実践してみてください。

アイデア発想にセンスは必要ありません。

手法さえ知ってしまえば九九のように誰でもスラスラとアイデアを考えられるようになります。

そして、気がつくと「最強のアイデアマン」になっていることでしょう。

この本を読んだことで「アイデアを考えることのハードルが少しでも下がった」と感じてもらえたら幸いです。


もしかしたら、この本で紹介した手順や手法を試してくださった方のなかには、「ここがやりにくい」「ここをもっと知りたい」と感じる人もいることでしょう。

そんな方のご質問に、Twitterやオンラインサロンの場を通じてお答えしたいと思いますので、ぜひメッセージをください。

よろしければコミュニティにも参加してもらえたら、ともにアイデアを考える良き仲間が見つかるかもしれません。


そしてもうひとつ、お伝えしたいことがあります。

それは、**アイデア発想法に正解はないということ。**

日本の武道や芸道では昔から「守破離」という言葉が使われてきました。最初は基本を学び、だんだんとアレンジして、オリジナルのものに変えていく。アイデア発想においても、私の手順や手法を使っていきながら、最終的には自分だけの発想法を見つけていただけたら、この本を書いた意味があると感じています。

私は大学生時代からコンペに出し続けていましたが、最初は鳴かず飛ばずで、まったく評価されませんでした。

やりづらさを感じながらも、学校で習った基本的な発想法を使って、必死にアイデアを考えていました。

でも、それで生まれたアイデアは、周りに埋もれてしまうようなものばかりでした。

しかしあるときに、開き直って「**もういいや、これで**」**と出したアイデアが、**「**独自性がある**」**と評価されたのです。**

本書の冒頭でお伝えした、「馬サブレ」のコンペのことです。

そこからは、「テーマから離れてみる」とか、「似ているものに見立ててみる」といった、教科書に載っていない方法でアイデアを考えるようになりました。

それ以来、コンペでの受賞率は9割以上をキープしています。

ぜひ、この本を読んだみなさんにも、本書の手法に縛られず、やがては独自の発想法を見つけていただけたら嬉しく思います。

アイデアを生み出すことは、いわば、日常生活で感じる不満を自ら解消できるスキルとも言えます。

つまり、**人生が生きやすくなる処世術**のひとつです。

誰もが素晴らしいアイデアを考えられるようになり、身の回りを自分で便利にすることができる。これが、私の思い描く未来の理想郷です。

この本から、そんな素晴らしい未来が実現されていくことを願っています。

いしかわかずや

この20アイテムの「ありそうでなかったアイデア」を考えてみよう！

1. 付箋
2. えんぴつ
3. 消しゴム
4. ノート
5. 定規
6. セロハンテープ
7. クリップ
8. カッター
9. はさみ
10. ホチキス
11. 印鑑
12. 本
13. 財布
14. 傘
15. コップ
16. 机
17. イス
18. 食器
19. テレビ
20. 自由に考えてみよう！

「ひとりで考えるのはさびしい！」という人には、私が主催しているコミュニティもおすすめです。数十人のメンバーで一緒にアイデアを考え、品評しています。ご興味のある方は、ぜひ隣のQRコードからコミュニティページにアクセスしてみてください。

ありそうでなかったアイデア「20本ノック」チャレンジ

この本では、アイデアを考える方法や、それを習慣にする方法をお伝えしてきました。ですが自然とアイデアが湧く頭になることは、簡単ではありません。そこでおすすめしたいのが、私のように、**アイデアを考えて発信することです**。286ページでお伝えしたように、「アイデアを人に見せる」ことで、アイデアを考えることのハードルが下がり、やがて習慣になっていきます。

とはいえ、いきなり「アイデアを考えてください！」と言われても、困ってしまいますよね。そこで私から、いくつかお題を出したいと思います。まずは**右ページにある「20アイテム」についてアイデアを考えてみてください。**

「#ありそうでなかったアイデア20本ノック」をつけてSNSで発信してもらえたら、私も探しにいき、コメントさせていただきます！

考え方は自由ですが、本書でお伝えした「見立てる」「ちょっと変える」の発想法で考えてみると、きっとアイデアが浮かぶでしょう。その過程を描いた**「脳内マップ」の形**で発信すると、意図が伝わっていいと思います。

たとえば、こんなふうにです。

いしかわかずや @issikazu20

課題：本って、途中で読む気持ちがなくなってしまう
解決策：「途中でやめたらもったいない」と思えるといいかも
ちょっと変える!：ページ番号を、ページ単価に変えてみる

アイデア!：ページごとの値段が書いてある本

#ありそうでなかったアイデア20本ノック

いしかわかずや @issikazu20

特徴：本って、重要なページの端を折るよね
もっとこうならいいのに：ページを折ったときにもっと可愛くなるとよさそう
見立てる!：ドッグイヤーって言うし、折ったときに犬の顔になると可愛いかも

アイデア!：重要なページに犬の顔が入っている本

#ありそうでなかったアイデア20本ノック

[著者略歴]

いしかわ かずや

SNS総フォロワー10万人超えのアイデアクリエイター、大手IT企業勤務のデザイナー。会社員として自社ブランディングなどをするかたわら、学生時代から商品アイデアコンペに作品を提出し、受賞率は9割以上。主な受賞歴は、「サンスター文具 文房具アイデアコンテスト」第24回審査員特別賞、第25回グランプリ、「コクヨデザインアワード2020」ファイナリスト、「シヤチハタ・ニュープロダクト・デザイン・コンペティション」12th・13th・14th 3年連続受賞、宣伝会議賞二次通過など。その実績がメディアの目にとまり、2022年に毎日放送「THEグレートアンサー」や日本テレビ「スッキリ」で商品アイデアが紹介されたところ、大きな話題に。自身のSNSやYouTubeチャンネルでも、アイデアや発想のノウハウを多数発信している。

Twitter　@issikazu20
Instagram　ishikawakazuya_idea
TikTok　ishikawakazuya2020
YouTube　いしかわかずや-アイデアクリエイター-

「ありそうでなかったアイデア」のつくりかた

2023年1月21日　初版発行

著　者　いしかわ かずや

発行者　小早川幸一郎

発　行　株式会社クロスメディア・パブリッシング
〒151-0051 東京都渋谷区千駄ヶ谷4-20-3 東栄神宮外苑ビル
https://www.cm-publishing.co.jp
◎本の内容に関するお問い合わせ先：TEL(03)5413-3140／FAX(03)5413-3141

発　売　株式会社インプレス
〒101-0051 東京都千代田区神田神保町一丁目105番地
◎乱丁本・落丁本などのお問い合わせ先：FAX(03)6837-5023
service@impress.co.jp
※古書店で購入されたものについてはお取り替えできません

印刷・製本　中央精版印刷株式会社

ISBN978-4-295-40790-4　C2034